苦しみにさようなら

究極の生き方の術を学びましょう

齋藤 佳子
SAITO Yoshiko

論創社

GATE WAY TO ONE NESS

はじめに

この本を取っていただいたあなたは、「人生っていやな事や苦しい事ばかりで、全然思い通りにならない！」、「何のために生まれてきたんだろ～」、「何もやってないのにもうこんな年になってしまった」などと思っていることでしょう。

そんな手探りの苦しい人生と決別し、楽になって人生の目的を果したいと思いませんか。「もちろんそう思うけど、でも一体どうすればいいの？」とあなたは問うことでしょう。もしそのような生き方があるのであれば、誰もが知りたいですよね。

そんなあなたにその生き方を教えます。それは〈サトリ〉です。「え～、難しそう～」と思うかもしれません。確かに俗世間から離れた厳しい世界という印象はぬぐい切れないことでしょう。しかしながら、〈サトリ〉は、仏教の「さとり」を下地とし、一般の人向けに、本書が独自に探究したものであり、その範囲は紀元前の仏教に始まり、心理学、量子論、そして宇宙にまで及びます。さらに〈サトリ〉は二重構造、すなわち〈ダブルミッション〉になっており、生き方の既成概念にしばられない古くて新しいものになっています。〈サトリ〉に苦行は必要ありません。世俗を離れた仙人のような生活も必要もありませんし、難しい経典を読む必要もありません。お金もかかりません。必要なのはあなたという存在だけです。〈サトリ〉とは、あなたの「心」次第で、苦しみから解放され、生きるのが楽になり、〈本当の自分〉で生きる成幸するための生き方なのです。

〈サトリ〉に必要なものはもうすでにすべてあなたに与えられています。ただあまりに当たり前すぎて気がつかないだけなのです。近くにあって遠いもの、手が届きそうで届かないもの、見えそうで見えないもの、それが〈サトリ〉なのです。

確かに難しそうで雲をつかむような話ですよね。ここで仏教における「さとり」の境地を垣間見てみましょう。仏教哲学者である鈴木大拙氏はこのように仰っています。

四、五センチ地面から浮いている感じを除けば、ふつうの体験とまったく変わりません！

（ケン・ウィルバー著『意識のスペクトル［2］意識の深化』）

「四、五センチ地面から浮いている感じ」とは衝撃的な言葉です。ぜひ体験したいものです。しかし、これではますます私たちとは無縁の世界になってしまいますよね。

少し思い出してみてください。このような体験はありませんか。

非常にうれしい気持ちの例えとして、よく「天にも昇る心地」などと言ったりします。そのような時、気分は爽快で高揚していて、何でも許せる気がしませんか。身体はまるで羽でも生えているかのように軽いのはないでしょうか。

シェイクスピアの『ロミオとジュリエット』をご存じのことかと思います。その中には有名なバルコニーのシーンがあります。ロミオは危険を冒しジュリエットに会いに行きます。ロミオの身を案じるジュリエットに対して、ロミオは「キューピッド（＝ロミオ）の軽い羽で、壁を飛び越えました」と返します（第二幕第二場）。見つかれば殺されるかもしれないロミオですが、心配など一切していません。

このように人は究極の喜びにおいて、浮遊感や高揚感を味わいます。これは洋の東西を問わず、時空を超えての真実なのです。このロミオの浮遊感といったものは、鈴木大拙氏の浮遊感とは同レベルでないことは明らかです。しかしながら、少なくとも心身のエネルギーの観点から見ると、両者のエネルギーはとても高いことには違いありません。つまり、私たちであっても鈴木大拙氏の世界、つまり「さとり」の世界を疑似体験できるのではないかということです。

皆さんは引き寄せの法則を知っていることでしょう。引き寄せの法則とは「思っていることが現実化する」ということですね。従って、善悪の判断がされずに現実化します。一方、〈サトリ〉は、〈本当の自分〉で生きていく世界です。従って、「事が起きる人生」から「事を起こす人生」へと好転していき、結果的に、真に望むことが現実化していきます。さらに、人生につきものの苦しみをも超えることができるようになります。要するに、〈サトリ〉は、引き寄せの法則を超えた成幸するための究極の生き方なのです。

このような〈サトリ〉を、日々〝機械〟のように生き、〈本当の自分〉を見失ってしまった悩めるあなたに捧げます。華麗なるメタモルフォーゼを遂げてください。

＊　＊　＊

本書の構成は以下の通りです。

第一章では、主に原始仏教と弘法大師空海の密教から「さとり」を考察し、本書が必要とする〈サトリ〉のための諸要素を導き出します。

第二章では、世人のための〈サトリ〉の定義とその解説、および〈サトリ〉の「レベル」について考察します。

第三章では、第二章において述べた内容に対し、効果的に習得するための「レッスン」をします。

＊前著『生きたまま生まれ変わる』においては、本書とは異なったアプローチにより「人

の生き方」を書いていますので、そちらもご参照ください。

＊〈サトリ〉という表記についてですが、〈サトリ〉とカタカナ表記を山かっこでくくってある場合、本書独自の意味が含意されているということです。仏教の場合は「さとり」と表記しますが、引用に限っては原文通りとします。

＊本書は仏教の「さとり」の解説書ではありませんし、筆者自身も仏教の専門家ではありません。本格的に学びたい人は専門書をご覧ください。

＊「世人」という言葉がでてきますが、それは「僧ではない世間一般の人」のことです。

難しいと思ったら、読みたい所から読んで構いません。気楽に楽しくいきましょう。

それでは皆さんの成幸を願ってペンを進めます。

目次

第二章　世人のための〈サトリ〉について　47

第一節　〈サトリ〉を理解するための予備知識の解説について　48

第一章　仏教における「さとり」について

第一節　仏教における「さとり」について

原始仏教時代等を対象とすることについて

仏教は紀元前五世紀頃、インドの古代宗教を背景にしてお釈迦さまによって説かれました。お釈迦さまは法を型にはめて説くことを好まず、状況に応じて説きました。その教えはお釈迦さまの入滅後にお釈迦さまの説法を整理して経典としてまとめられました。仏教の経典は「八万四千の法門」と言われており、一千年以上をかけて成立してきました。これらの経典は大きく、初期仏教、部派仏教、大乗仏教の三つの成立期により分類されます。

このように仏教の歴史は長く、素人である筆者が仏教の経典をくまなく網羅するなどということは不可能です。よって、本節では、主に、お釈迦さまの在世から直弟子までの時代となる原始仏教時代・初期仏教時代を対象としますが、大乗仏教の経典である『華厳経』についても触れます。そこから〈サトリ〉を導くために必要な要素を導き出します。

お釈迦さまが「さとり」に至るまでについて

お釈迦さまは紀元前六世紀から五世紀頃、今日のネパールにあったシャカ族の小国カピラの王子として誕生しました。お釈迦さまはシャカ国出身だから釈迦と呼ばれます。釈尊とは敬意を込めた呼び方です。（お釈迦さまの表記ですが、「ゴータマ・ブッダ」、「仏陀」、「釈迦／シャカ」、「釈尊」などといった表記もありますが、本書では親しみやすく「お釈迦さま」に統一します。）

お釈迦さまは何不自由なく生活ができるにもかかわらず、二十九歳の時、すべてを放棄し出家しました。その後、二人の行者について修行生活に入ります。山林にこもり、六年（もしくは七年）にわたる苦行や修養を積みます。その内容は、最初は一日に一食を摂り、最終的には半月に一食を摂り、さらに野菜のみ、米汁の浮きかすのみ、牛糞のみを食したりしたそうです。また、墓場で骸骨を敷いて寝床とした際には、牧童たちに放尿されたり、両耳の穴に木片を入れられたりしたそうです。お釈迦さまは苦行で「さとり」は得られないと放棄します。

お釈迦さまは今日のブダガヤの菩提樹の下で二一日間端座し、ついに三十五歳（もしくは三十六歳）の時、「さとり」を開き、「仏陀」（さとりを開いて真理に目覚めたもの）となります。その時、何をさとったのでしょうか。それは一般的に、「十二因縁の理（ことわり）」になっていますが、その説よりも以前に「縁起説が成立していて、それにもとづいて種々の縁起説が成立し、最後に十二因縁の説が成立した」ということです（中村元著『釈尊の生涯』）。

しかしながら、「さとり」を開いた後であっても、即座に誘惑に負けない完全無欠なまったく別の人になるわけでありません。従って、お釈迦さまは多くの戒律を定めたのです。また、お釈迦さまは人間であったということも忘れてはなりません。人間が仏＝仏陀になるのです。

要するに、「さとり」を開き真理に目覚めれば誰でも仏になることができるということです。それは何よりも「わが身は人間に生まれ、人間に長じ、人間において仏となることを得たり」というお釈迦さまの言葉が物語っています（中村元著『ブッダ伝』）。

「さとり」に関する用語について

「さとり」を理解するために必要な用語が出てきました。以下に意味を記します。主に『佛教語大辞典 縮刷版』より適宜抜粋します。

「さとり」とは
〔真理に〕めざめること。〔真理を〕知ること。完全にはっきり知ること。

「真理」とは
真実の理。真如（しんにょ）。

「真如」とは
ありのままのすがた。普遍的真理。あらゆる存在の真のすがた。

「解脱」とは
煩悩や束縛を離れて精神が自由となること。さとり・ニルヴァーナに同じ。

「ニルヴァーナ」とは

涅槃と音写。智慧の完成の境地。

「智慧」とは

事物の実相を照らし、惑いを断って、さとりを完成するはたらき。

「十二因縁」とは

人間の苦しみ、悩みがいかにして成立するかということを考察し、その原因を追求して十二の項目の系列を立てたもの。

(1)無明（無知）、(2)行（潜在的形成力）、(3)識（識別作用）、(4)名色（心身）、(5)六処（眼・耳・鼻・舌・身・意）、(6)触（感官と対象との接触）、(7)受（感受作用）、(8)愛（盲目的衝動）、(9)取（執着）、(10)有（生存）、(11)生（生まれること）、(12)老死（無常な姿）、をさす。順次に前のものが滅すると、後のものも滅する。

要するに、「さとり」とは「解脱」であり、「ニルヴァーナ＝涅槃」です。その境地とは以下の通りです。

ニルヴァーナとは、解脱した安らぎの境地であり、何か私たちには望むべくもない縁遠い存在のように思われるかもしれませんが、そうではないのです。すでに、その安らぎの境地のなかにいるのだけれども、いろいろな妄執の闇に覆われていて、安らぎの境地の近くにいることに気づかないだけなのです。

（『ブッダ伝』）

「さとり」を開く具体的な方法について

「さとり」を開くためには具体的には何が必要なのでしょうか。お釈迦さまはこのように仰います。

> 不死に達するための苦行なるものは、［中略］全く役に立たぬものである。悟りに至る道――戒めと、精神統一と、智慧と――を修めて、最高の清浄に達した。
>
> （前掲書）

「戒め」、「精神統一」、「智慧」が必要とのことです。以下、この三点について順を追って見ていきましょう。

まず、「戒め」ですが、「戒め」は、たとえ「さとり」を開いた後でも必要です。なぜなら（前述したように）「さとり」を開いたからといって、即座に完全無欠な別人になるわけではないからです。ましてや「さとり」を得る前にあっては言うまでもありません。私たち世人は、絶えず様々な誘惑に駆られているのです。

それではどのような「戒め」を心がけるといいのでしょうか。後述しますが、「八正道」は常に心がけたいものです。お釈迦さまはこのように仰っています。

どの方向に心でさがし求めてみても、自分よりもさらに愛しいものをどこにも見出さなかった。そのように、他の人々にとっても、それぞれの自己が愛しいのである。それ故に、自己を愛する人は、他人を害してはならない。

（中村元著『ブッダの生涯』）

人は多かれ少なかれ、自分が一番かわいいと思い、自分だけは不幸に見舞われないと思い、自分だけは幸せになれると思っています。自分は〝特別〟なのです。お釈迦さまでも仰っているように、自分が愛おしいのは当たり前のことです。問題は、それゆえに人を害してしまうということにあります。誰もが『蜘蛛の糸』のカンダタ（犍陀多）になり得るのです。まさに煩悩ありきの人間なのです。

次に「精神統一」です。「精神統一」とは、ある一つのことに心を集中させることです。何だか武道の世界が頭をよぎりますが、簡易に考えましょう。本書では、「呼吸をゆっくりとし、息遣いを意識する」、「思考を観察する」といったことととして解釈します。

もっともこれらは「言うは易く行うは難し」です。従って、第三章にて「レッスン」をしますので、安心してください。

最後に、「智慧」ですが、「智慧」は世人の皆さんが思っている以上に重要です。人間は「智慧」がないと新たなる世界を開くことができません。いつまでも同じ世界で堂々巡りをするしかありません。「智慧」の意味は前述してありますが、具体的に以下の四つの観点から簡単に見てみましょう。

まず、仏教には仏教教理を特徴づける根本的教説「法印」として、「三法印」と「四法印」があります。

「三法印」とは「仏教思想の特徴としての三種のしるし」であり、次の三つです。

「諸行無常」万物は常に変転してやむことがないということ。

「諸法無我」すべてのものは、因縁によって生じたものであって実体性がないということ。

「涅槃寂滅（ねはんじゃくめつ）／涅槃寂静（ねはんじゃくじょう）」ニルヴァーナの境地は安らぎであるということ。後代にはむしろ「涅槃寂静」という表現の方を多く用いた。

「四法印」とは「万有の真理を示す四つの要点」であり、三法印に「一切皆苦」を加えたものです。

「一切皆苦」一切の現象的存在はすべて苦であるということ。原始仏教では思いどおりにならない境地。

次に、「四苦八苦」という言葉がありますが、この言葉は人生にまつわるすべての苦しみの総称です。「四苦」とは、生・老・病・死です。すなわち、生まれること、老いること、病気をすること、死ぬこと、という四つの苦です。「八苦」とは、「四苦」に愛別離苦（あいべつりく）（「愛する者と別れる苦しみ」）・怨憎会苦（おんぞうえく）（「この世の中では怨み憎む者とも会わなければならない苦しみ」）・求不得苦（ぐふとくく）（「欲して求めてもなかなか物事を得ることのできない苦しみ」）・五陰盛苦（ごおんじょうく）（「人間の身心を形成する五つの要素（五陰・五蘊、すなわち色・受・想・行・識）から生ずる苦しみが盛んに起こることをいう」）の四つの苦を加えたものです。

三つ目に、「空に生きる」ということです。仏教では永遠不滅の実体としての自我はありません。自我へのこだわりを捨てて、私たちは真の世界に生きる努力をしなければなりません。不平不満をまき散らし、怠けて生きているのであれば、その人は本当に生きていることにはなりません。本当に生きるとは、自分のなすべきことをなし、一日一日、感謝して楽しんで暮らすことです。このように「何にも執着することなく、理想の目的に向かってつとめ励んでゆく」ことが「空に生きる」ということになります（『ブッダ伝』）。「空に生きる」ためには、「調和」、すなわち「中道」を念頭に置く必要があります。必然的に、安らかな境地である「さとり」が開けてきます。

最後に、お釈迦さまの最初の説法に注目します。お釈迦さまの最初の説法を「初転法輪」といい、「中道」（「二つのものの対立を離れていること」）と「四諦の法門」であったとされています。「四諦の法門」は「縁起」（「他との関係が縁となって生起すること」）に基づいて説かれます。

「四諦」とは以下の「四つの真理」です。

「苦諦」この世は苦であるという真理。

「集諦」苦を集め起こすもの、すなわち苦の原因は煩悩（無知・欲望・執着）にあるという真理。

「滅諦」苦しみの消滅した状態こそは理想境であるという真理。

「道諦」八正道こそが苦の滅を実現するための道、方法であるという真理。煩悩の絶滅たるニルヴァーナに至るための真理としての道。

「八正道」とは以下の「理想の境地に達するための八つの道」です。

「正見」正しく四諦の道理を見る。

「正思惟」正しく四諦の道理を思惟する。

「正語」正しい語をいう。

「正業」正しい行動をする。

「正命」身・口・意の三業を清浄にして正しい理法に従って生活する。

「正精進」道に努め励む。

「正念（しょうねん）」正道を憶念し、邪念のないこと。
「正定（しょうじょう）」迷いのない清浄なるさとりの境地に入る。

さて、「さとり」を開く具体的な方法を見てきましたが、いかがでしたでしょうか。いずれにせよ、自身の「心」の問題なので、自身の力で「さとり」を得るしかありません。世人の皆さんの「心」に届くようにまとめます。

この世も人間も絶えず変化する
この世に生きることは苦そのもの
煩悩に満ちた人間の思い通りになるはずもない
いかにして人生の苦を乗り越えるのか……
因と縁という関係を知り
自我への執着を断ち
真実の生き方をする
それは極端にかたよることなく
八つの正しい道を実践すること
その行為こそが「さとり」

すべてはあなたの「心」次第
「心」が静まった安らぎの境地
煩悩を超越する

「さとり」に至る「段階」について

菩薩が仏となり「さとり」を得るまでの時間として「三阿僧祇劫（さんあそうぎこう）」があります。それは菩薩が仏果を得るまでの無限に長い時間を三つに分けたものです。具体的には、「菩薩の五十の修行の階位のうち、十信・十住・十行・十廻向の四十位を第一阿僧祇劫、十地のうち初地から七地までを第二阿僧祇劫、八地から十地までを第三阿僧祇劫」となります。また、菩薩の修行の段階を五十二に分けた「菩薩の五十二位」という説もあります。

「菩薩の階位」の拠り所は『華厳経』になります。『華厳経』は大乗仏教の経典の一つです。「一つがすべてである」という『華厳経』の「縁起的な世界観」は現代物理学の基本的諸要素の一つとして注目されています。

『華厳経』における「菩薩の階位」について少し見てみましょう。以下、『華厳経』についての引用等は、木村清孝著『華厳経入門』とします。

『華厳経』では、「十住」、「十行」、「十廻向（えこう）」、「十地」という四十（それぞれが十）の菩薩の階位を説いています。最初の「十住」と最後の「十地」を列記しますが、他は概要のみとします。

「この『十住』の境地とは、おそらくもともとは、これだけで菩薩の境地の発展を全体的にまとめて示したもの」ということです。

「十住」

(1) 初発心住(仏にまみえ、仏の教えを聞き、さとりへの心を固める)
(2) 治地住(悲みと慈しみの心を増す)
(3) 修行住(智慧を磨く)
(4) 生貴住(ものの正しい見方を徹底させていく)
(5) 具足方便住(利他の心を修め、生きとし生けるものの心を浄める)
(6) 正心住(動揺しない心を会得し、空のさとりを確固としたものにする)
(7) 不退住(ふらふらすることがまったくなくなり、一と多の相即や有と無との一体について教える手立てを身につける)
(8) 童真住(自己を確立し、仏の世界のすべてを知ろうと努める)
(9) 法王子住(聖と俗をともに理解し、完全で自在な智慧を獲得する)
(10) 灌頂住(真実の智慧に安住し、すべての生きとし生けるものに仏の智慧を具えさせようと励む)

次は「十行」です。第一の「歓喜行」とは、「十行」の段階に入った喜びの心情を表しますが、その喜びが生まれてくる根拠が、「徹底した利他の実践に置かれていることが重要」です。第三の「無恚恨行」、すなわち怒りや恨みを捨てる修行であり、この修行が進むと、「謙虚さ、敬う心、おだやかな態度、愛情のこもったことばなどが身につく」ということです。

三番目は、「十廻向」です。「まさしく自らの力を他へ廻らし、さし向けて、すべての衆生を救い護るという利他の理想」を表します。これらの中で注目すべきは、第一の「救護一切衆生離衆生相廻向」、すなわち「六波羅蜜などの実践によって体得された無量の力をことごとく衆生のために捧げ用いるという菩薩の根本的な廻向の精神が明確に示されている」になります。

最後は、「十地」です。「菩薩の最高の道であり、一切の仏の教えの根本であり、智慧がある人だけが実践できるもの」です。

「十地」

(1) 歓びの境地（歓喜地）
(2) 汚れを離れた境地（離垢地）
(3) 光を発する境地（明地）
(4) ほのおの境地（焰地）
(5) 越えがたい境地（難勝地）
(6) 智慧実現の境地（現前地）

(7) 進んだ境地（遠行地）
(8) 不動の境地（不動地）
(9) 深い智慧の境地（善慧地）
(10) 法の雲の境地（法雲地）

菩薩の究極の境位となる「法の雲の境地」とは、何か新しい知見や能力が獲得されるのではなく「ありのままに知る」ということが強調されるだけだそうです。
その境位に至ったお釈迦さまの境地とはいかなるものなのでしょうか。

見よ、われは一切勝者、一切智者である。
すべて悪しき思いを去って自由である。
すべては捨て去られ、渇愛の根は除かれた。
みずから一切を知りたれば、誰を師としようぞ。
われに師はない。等しき者もない。
この世界にわれに比すべき者はない。
われこそはこの世の聖者、最高の師。
われひとり完全の〝悟り〟を得て、

静けき平和、涅槃の安らぎはわがものである。

（鈴木大拙著『禅』）

私たち世人はこのお釈迦さまの境地に到底至ることはできません。しかし、一歩でも二歩でも近づけるよう前向きに進みましょう。

「さとり」のまとめ

以上から、「さとり」の特徴についてまとめます。

(1) さとりは苦行では得られない。
(2) 人間であれば「心」次第で誰でもさとりを開くことができる。
(3) さとりを開いても、即座に完全無欠な別人になるわけではない。
(4) 「涅槃の境地」＝「さとりの境地」とは解脱した安らぎの境地である。
(5) 私たちはすでにさとりの境地にいるが、妄執の闇がそれを妨げている。
(6) さとりを開くためには、戒め、精神統一、智慧が必要である。
(7) 自己を愛する人は、他人を害してはならない。
(8) 「四法印」を知る。

⑼「四苦八苦」を知る。
⑽不滅の実体としての自我はない。我執を捨て去る。
⑾一日一日、感謝して楽しんで暮らす。
⑿何にも執着せず、理想の目的に向かって務め励む、すなわち「空に生きる」。
⒀極端に偏ることなく「中道」を心がける。
⒁すべてのものは他との関係が縁となって起こるという「縁起」を知る。
⒂「四諦の法門」を知る。
⒃「八正道」を実践する。
⒄無限に長い修行を経て到達する。
⒅菩薩の究極の境位「法の雲の境地」とは「ありのままに知る」こと。

「さとり」について具体的になってきましたね。「さとり」の特徴を見ていかがですか。無限に長い修行を経て得る究極の「さとり」とは、「ありのままに知る」ということです。実に衝撃的です。「ありのままに知る」だけなら、苦労する価値なんてないんじゃないかと思ってしまいますよね。この言葉に一体どれほどのことが秘められているのでしょう。興味がかき立てられます。

とりあえず現段階では、私たち世人はワクワクしながら前に進みましょう。

第二節　弘法大師空海の密教における「さとり」について

本節では、弘法大師空海を取り上げます。その理由は、空海の思想はエポックメーキングであり、オリジナリティーに満ちていると考えるからです。それらについては本文を読んでのお楽しみということで、まずは、日本に仏教が伝わる流れから概観しましょう。

日本に伝来した大乗仏教について

お釈迦さまの弟子の集団（サンガ）は、寺院を中心とする仏教教団となり、お釈迦さまの死後も発展していきます。その後、仏教教団は上座部と大衆部に分裂します。紀元前一世紀頃になると、仏教教団はさらなる分裂を重ねていきます。この時期の仏教を部派仏教といいます。部派仏教は、出家して厳しい修行を行った僧侶だけが「さとり」を開き救われるという自己の完成（自利）を求めていました。そのような自利を追求する部派仏教に対し、在家であっても一切皆等しく救済（利他）されるという立場を説く大乗仏教が誕生します。大乗とは、等しく皆を「さとり」の境地に運ぶ大きな乗りものという意味です。それに対し部派仏教は、大乗の人たちからは見下され、小さな乗りものを意味する小乗仏教と呼ばれました。

六世紀頃から七世紀にかけ密教が成立します。密教では神秘的な力をもつと信じられている比較的長句の呪を「ダラニ（陀羅尼）」と呼び、ダラニの短いものを「マントラ（真言）」と呼びます。大乗仏教においては「ダラニ」がすでに取り入れられていました。

仏教は、シルクロードを経て中国に伝わり、中国から朝鮮半島へと伝わります。仏教公伝、すなわち仏教が初めて百済の聖明王から日本に伝えられたのは五三八年です。その際には、仏像・仏具・経典などが献じられました。仏教がインドから日本に伝わるまで約千年かかったことになります。

奈良時代には、仏教国家としての体制が整います。平安時代に入ると、最澄の天台宗と空海の真言宗が国家仏教として栄えます。真言宗は朝廷や貴族に迎えられ、民衆へと進出していきます。

平安中末期から鎌倉期にかけ、末法思想が流行しましたが、それによる不安に陥った民衆を救おうと、鎌倉仏教と呼ばれる宗派が続々と登場します。すなわち、法然による浄土宗、親鸞による浄土真宗、一遍による時宗、日蓮による日蓮宗、栄西による臨済宗、道元による曹洞宗です。

弘法大師空海の真言密教について

空海の思想は難解です。筆者は素人なので手のつけようもありません。従って、密教の見方を自ら「独創」と仰っているひろさちや氏の解説に助けていただきます。以下は、ひろさちや氏の見解に負うところが多く、参考文献は主に『空海入門』および『空海と密教』からとします。それ以外は特筆します。

さて、密教についてですが、私たち世人が密教について知っていることと言えば、密教を学びに唐へ渡った空海が、帰国後に真言宗として一宗派を形成した、といった概略的な歴史的事実ではないでしょうか。このような観点からすると、空海は単なる密教の〝伝達人〟になってしまいますが、空海の位置づけをそれに終始していいのでしょうか。ひろさちや氏は、「密教そのものは空海がつくったものである。幼稚で未熟な密教を、精緻で深淵な教理体系に完成させたのは空海である」と仰っています（傍点はママ）。つまり、空海は密教に〝命〟を吹き込んだ密教の真の〝創造者〟といえるのです。

真言密教の概要について

空海にとって密教とは「いきなり仏になって、そのまま、仏になりきって生きるための教え」であり、それが空海には「ほんとうの仏教」なのです。

空海にとって、一切を包み込んだ大宇宙が「仏」であり、その名前を「大日如来」としました。密教とはそもそも秘密の仏教のことです。その教えを説くのは大日如来なのですが、なにぶん大日如来は大宇宙仏であるので人間の言葉で語られることはなく、象徴言語として語られるのです。それゆえに秘密になっているのです。

密教について、ひろさちや氏の言葉を引用します。

> 密教の神髄は、われわれが大日如来の宇宙に飛び込むことだ。それが空海の密教理解である。大日如来の宇宙――われわれはそれを曼荼羅大宇宙と呼ぼう――に飛び込めば、われわれに大日如来のパワーが加持される。そしてわれわれは、その曼荼羅大宇宙の中ですくすくと成育すればいい。なにもあくせく苦労することはないのである。
>
> （『空海と密教』）

このように釈迦仏から出発する顕教（密教以外の仏教）と大日如来、すなわち宇宙の根源仏から出発すべきであると考える密教とでは根本的に違いがあり、空海にとって顕教は本末転倒なのでした。

そもそも大日如来とは、多くの菩薩や如来などの根源として存在しています。大日如来はまた法身（永遠不滅の真理）とも呼ばれ、虚空に遍満し、すべての存在の根源になっています。あらゆる現象は、真如そのものである法界に遍満している大日如来の表れになります。

空海は仏と凡夫（ぼんぷ）は一如であると考えていました。この考え方は、インド哲学の「梵我一如（ぼんがいちにょ）」の知識を得たことによります。「梵」とは宇宙原理であり、「我」とは個人原理のことであり、両者が一致しているということです。「梵我一如」を密教的に「仏凡一如」、すなわち、「仏がそのまま凡夫であり、凡夫はそのまま仏」ということになります。

大日如来と一体化するためには、「仏のまね」をします。その際、「身・口・意の三密」、すなわち、身体、言葉、心という三つの行為を仏のそれと一致させます。一般人としては次のことを心がければ自ずと大日如来の力を得られるとします。

> 身体的行動としては……仏らしい行動をし
> 言語活動としては……慈悲の言葉を口にし
> 心においては……小欲知足でいる
>
> （前掲書）

仏教には「自力」と「他力」という考え方があります。「自力」とは、その人が本来持っている能力を存分に働かせて仏道を歩むことです。「他力」とは、仏や菩薩の力により「さとり」に導かれることですが、浄土教などでは阿弥陀仏の慈悲の働きを指します。

密教は「他力的」というのがふさわしいのでしょう。なぜ「的」という言葉がつくかというと、そもそも密教では「自力」とか「他力」という考え方ではなく、「三力」という考え方をするからです。「三力」とは、「功徳力」（行者自身の自力の修行の力）、「加持力」（大日如来から加わる力)、「法界力」(環境の力ともいうべき広大無辺大宇宙の力)です。

弘法大師空海の「さとり」について

「即身成仏」について

空海は「即身成仏」を説きました。「即身成仏」とは、人間が現世でこの肉身のままで「さとり」を開くことです。(「即身仏」)とは違います。)
「即身成仏」を説く『即身成仏義』において、空海の「さとり」の思想を見ることができます。概観しましょう。

そもそも仏教(顕教)は「三劫成仏」として、無限に等しい時間の修行をして仏になることを目指します。「劫」とは、きわめて長い時間のことです。例え話として、「方四十里の城にケシを満たして、百年に一度、一粒ずつとり去りケシはなくなっても終わらない長い時間」というものがあります(『日本国語大辞典』)。

それでは苦しい修行ばかりで現世では何の役にも立たないことになってしまいます。このような疑念に対し、空海は『即身成仏義』を著しました。その仏説を裏付けるために、空海は、『大日経』と『金剛頂経』の二経、および『菩提心論』の一論から「第一の証文」〜「第八の証文」として八つの文を引用しています。

最初の四句が「即身」、後の四句が「成仏」を表す「二頌八句(じゅ)」ですが、第一句の説明が

『即身成仏義』のおよそ半分を占めていることから、第一句に空海の即身成仏の思想が凝縮されていることになります。よって、第一句を中心に概観します。第一句の解釈は、加藤精一編『空海「即身成仏義」「声字実相義」「吽字義」』からとし、さらに全体の解釈はひろさちや氏からとします。

六大無礙にして常に瑜伽なり、　体
四種曼荼各々離れず、　相
三密加持すれば速疾に顕わる、　用
重々帝網なるを即身と名づく。　無礙
法然に薩般若を具足して、
心数心王刹塵に過ぎたり、
各々五智無際智を具す、
円鏡力の故に実覚智なり。　成仏

最初の四句の下に「体」、「相」、「用」、「無礙」とありますが、それらはそれぞれ「本質」、「姿」、「活動」、「一体」を表します。

それでは第一句、「六大無礙にして常に瑜伽なり」について見てみましょう。

「六大」とは「地水火風空識」であり、すべてを構成している根本的な要素「識」と「心」と同じ意味です。大日如来もその六大で構成されています。この点において、我々人間と同様に人格を有する実在の仏陀（大日）であることが分かります。法身大日は一切を生み出す主体（能生）であり、生み出されたもの（所生）はすべて六大によって構成されていることになります。お釈迦さまは法身大日により生み出されたとします。よって、法身大日はすべてに遍満し、万物の中にあまねくいきわたっていることからあらゆるものと心が一つとなります。

「無礙」というのは、お互いが深く関わり合って一体ということ、「常」とは、ゆるがず堅固なこと、「瑜伽」とは、一つになることです。要するに、法身大日の身体とは宇宙を構成する要素であり、それと私たち一切の人間も互いに堅固に関わり合って一体になっているということです。

最初の四句をまとめると、「宇宙と自己を表現すれば、まったく同じになり、仏の動作と自己の動作も同じであるから、自己がそのままで仏なのだ」となり、最後の四句をまとめると「仏と衆生との本質的な同一性を言ったものである。本質的に同一であれば、われわれは仏になる必要はない。われわれはすでに仏であるのだから、そのまま仏として生きればよい」となります（『空海と密教』）。

「心の十段階」と「さとり」について

空海は「心の世界」を十段階に分けています。その十段階をへて究極の「さとり」の世界へ到達できるとします。引用は正木晃著『空海の秘蔵宝鑰』とします。

「心の十段階」

第一	性欲と食欲のみに支配された最悪の段階（異生羝羊心）	一向行悪行
第二	愚かな心にわずかながら善の心が芽生えた段階（愚童持斎心）	人乗
第三	神をあがめて一時的な安心を得た段階（嬰童無畏心）	天乗
第四	自我は実在していないと見抜いた段階（唯蘊無我心）	声聞乗
第五	因縁を理解し根源的な無知をとりのぞいた段階（抜業因種心）	縁覚乗
第六	実在するのは自分の心だけと見抜いた段階（他縁大乗心）	法相宗
第七	空を理解して二元論的な対立を超越した段階（覚心不生心）	三論宗
第八	心の本質をきわめた段階（一道無為心）	天台宗
第九	真理は眼前に顕現していると体得できた段階（極無自性心）	華厳宗
第十	ありとあらゆる真理をきわめた段階（秘密荘厳心）	真言宗

第一段階から第三段階までは、仏教の正しい教えにふれることがない世間的な思想に該当します。第四段階以降は、仏教に包括される数々の宗教思想に該当します。同じ仏教でも、第四段階と第五段階の「心の世界」は小乗仏教、第六段階からは大乗仏教になります。同じ大乗仏教といっても、第七段階と第八段階は菩薩の教えであり、第九段階と第十段階が仏の教えとなります。また、第一段階から第九段階に至るまでの九種類の教えにより、心の外側に付着しているすべての汚れを取り除き迷いを拭い去ります。その上で、最後の第十段階の教えにより、生きとし生けるものの心身にある庫が開かれ、宝が与えられます。第四段階以降を「聖なる悟り」の名に値するとしていますが、「究極の悟り」としては、第十段階「ありとあらゆる真理をきわめた段階」、すなわち真言宗になります。

空海の「さとり」についての言葉を引用します。

仏陀のさとりは決してはるか遠くにあるのではなく、自分自身の心の中に本来存在していて、きわめて近くにあるものなのです。同様に仏陀の説かれる真実の教えというものも、どこかよそにあるのではなくて、自心の中にあるのですから、この身をおいて他にこれを求めても決して得られるものではないのです。

この世のことはあくまで仮の宿の如きもので、法身大日如来の実在を知りさえすれば、自心のいまの状態で、最も確実な悟りの境地に居ることがわかるのです。法身大日と共にある自分こそ間違いなく人間本来の面目に到達しているのであります。

（加藤精一編『空海「般若心経秘鍵」』）

空海の画期的な独自性とその背景について

顕教と密教の「さとり」に至るアプローチが異なっていることはもうお分かりのことでしょう。顕教は「三劫成仏」という無限にも等しい時間の修行をして仏陀になるのに対し、密教はいきなり仏陀になったところから始まるのです。この発想の転換は画期的であり、オリジナリティー溢れるものであることは言うまでもありません。この背後には、空海が「さとり」を開くことがいかに困難であるかということを知り尽くしていたということと、衆生を救いたいという空海の熱い思いがあったことが推測されます。さらに探ってみましょう。

そもそも空海の思想は、インド哲学の「梵我一如」を「仏凡一如」として解釈した点にあります。さらにそれを支えているのは『華厳経』の思想です。『華厳経』の思想は、「小が大であり、一つがすべてである」、言い換えれば、「具体的な事物や事象に関しても、時間に関しても、個々のものを決して孤立した実体的な存在とは捉えず、あらゆる存在が他のすべて、ないし全体と限りなくかかわりあい、通じあい、はたらきあい、含みあっているとされます。……一滴の雫が大宇宙を宿し、一瞬の星のまたたきに永遠の時間が凝縮されている」ということになります（『華厳経入門』）。

空海は『華厳経』について、次のように言っています。

『華厳経』によれば、九世、つまり過去の過去・過去の現在・過去の未来・現在の過去・現在の現在・現在の未来・未来の過去・未来の現在・未来の未来という膨大な時間を一瞬のなかにおさめ、一瞬のなかに無限の時間がおさめられています。一と多がかぎりなく融け合い、真理と現象が完璧に通じ合っています。

（『空海の秘蔵宝鑰』）

この言及は、（後で分かりますが）〈サトリ〉を得るには不可欠な要素です。要するに（筆者のような素人が言うにはあまりに失礼極まりない話ですが）、空海は、現代の量子物理学をも見極めていたことになります。

空海の「さとり」のまとめ

それでは空海の「さとり」についてまとめます。

(1) いきなり仏になり、仏になりきって生きる。
(2) 仏＝大宇宙と凡夫は一如ということを知る。
(3) 法身大日の実在を知ることは自心の状態でさとりの境地にいること。
(4) 「即身成仏」とは、この肉身のままでさとりを開くこと。
(5) すべては一つ、一つはすべて。
(6) 一瞬のなかに無限の時間がおさめられている。

補足　「さとり」を柔軟に考えて実践しよう

仏教の「さとり」について簡潔に考察してきましたが、いかがでしょうか。〈下〉から〈上〉へという顕教の構図ではなく、いきなり〈上〉という空海の思想を意識することにより「さとり」が身近に感じられたかと思います。

糸が切れてしまって方向を失ってしまった私たち世人に一筋の光明を示した親鸞の導きにも触れておきます。もっとも宗教という観点ではなく、〈宇宙〉と一体になるという観点からになります。

浄土真宗の親鸞と言えば、「弥陀の本願／誓願」です。「弥陀の本願」とは、阿弥陀仏が一切の衆生を救うために立てた四十八の誓いのことです。特に主要な誓いが「十八願」です。「十八願」とは、「弥陀の本願」に対して疑わない心、「信心」をもって念仏をすれば極楽に往生できるという誓いのことです。つまり、阿弥陀仏に救われることにより、死んだらどうなるのかという「無明の闇」が解決され、「無碍（むげ）の一道」という「絶対の幸福」が達成されるということです。その救われた世界は海と船に例えられ「大悲の願船」と言われます。

『歎異抄』において、親鸞はこのように仰っています（現代語訳は『歎異抄 現代語訳付き』より）。

この世で煩悩を断ち罪悪を滅することなど、とてもできることではないので、［中略］戒律を守って行を修めることもなく、教えを理解する力もないわたしどもが、この世でさとりを開くことなどできるはずもありません。しかしそのようなわたしどもであっても、阿弥陀仏の本願の船に乗って、［中略］あらゆる世界を照らす阿弥陀仏の光明と一つになり、すべての人々を救うことができるのです。そのときにはじめてさとりを開いたというのです。

（『歎異抄』第十五条。［］は筆者の挿入）

親鸞の発想も空海と同様です。つまり、〈下〉から〈上〉ではなく、〈上〉から始まるという構図です。この背景には、衆生が修練をして「さとり」を開くことがいかに難しいかということが読み取れます。

確かに世人が「さとり」を開くことは難しいことに違いはありません。しかし、難しいからと一蹴してしまうのはあまりにもったいない話です。もっと柔軟性をもって「さとり」を考えてみませんか。煩悩に満ち、難しいことは分からない私たち世人ではありますが、それでも自身の中の仏性を信じて前向きに生きてみませんか。それが「さとり」なのですから……。「さとり」に絶対的なプロセスなどないことが分かってきましたね。

以上を鑑み、次章からは世人のための〈サトリ〉について解説します。身近な例からアプローチしていますので、〈サトリ〉は世人の皆さんには具体的で、親しみやすいものになっていることでしょう。楽しみにしていてください。

第二章　世人のための〈サトリ〉について

第一節 〈サトリ〉を理解するための予備知識の解説について

本節では、世人のための〈サトリ〉を理解するために簡単な知識が必要になりますので、具体的に記します。別に不可欠というわけではありませんので、難しいと思ったら、第二節に進み、そこから随時読み返しても構いません。

「宇宙」関連

この地球という惑星の特徴について

惑星はそれぞれの速度で自転をし、公転をしています。その結果、太陽に面した部分は明るくなる、つまり「昼」となり、その反対部分は暗くなる、つまり「夜」になります。このようにこの惑星には「明と暗」、「光と影」、「昼と夜」といった表裏一体の現象、言い換えれば、二つの対極が生じます。この対極は二元論、二項対立といった思考形態へと発展し、現代人の思考形成に影響を与えています。惑星に生きるすべてのものはこの原理原則に支配されており、基本的にはそれから逃れることができません。

宇宙と人間との関係について

宇宙と人間との心理的なつながりというと、一蹴してしまう人がいるかもしれませんが、それについては学問の分野において成立しています。すなわちトランスパーソナル心理学です。トランスパーソナル心理学は心理学第四の潮流と呼ばれている最も新しい心理学です。トランスパーソナル心理学の創始者であるA・H・マズローは「超越」について、「人間の意識の最高の、最も包括的で、全体論的な水準を意味するものである。その行動や関係は、自己、特定の相手、人類一般、他の種族、自然、宇宙に対して、手段としてよりむしろ、最終的な目的としてとり組むのである」と述べています（A・H・マスロー著『人間性の最高価値』）。さらに「超越」の意味を補足すると、「そこ［宇宙意識］では、人は、何とはなしに、宇宙全体が、少なくとも、自我をも含めた宇宙のすべてのものの単一体と統一を見るのである。そうすると、彼は当然宇宙に所属する権利があるかのように感じるのである。［中略］彼は、他人でも侵入者でもなく、宇宙の一部なのである」となります（前掲書。［］は筆者の挿入）。つまり、個としての人間の普遍性を追求するということになります。そのためには人間の知覚を超えたものを重視します。従って、トランスパーソナル心理学とは、「これまでの心理学が重んじてきた〝自己決断〟とか〝自己実現〟の大切さも認めながら、それを含んで超えて、この世界に現れている〝自分を超えた何かの働き〟〝向こうからの呼び声〟を大切にする心理学」となります（諸富祥彦著『トランスパーソナル心理学入門』）。

〈サトリ〉にまつわる必要な用語および概念について

C・G・ユング関連について

「アーキタイプ（元型）」とは、人類の無意識の中に普遍的に認められるモチーフです。アーキタイプとして、シャドウ、アニマ、アニムス、グレート・マザー、ワイズ・オールド・マンなどがあります。それらの総称を「普遍的無意識」、または「集合的無意識」と呼びます。

「ペルソナ」とは、人が社会と調和していくためにつける「仮面」のことです。社会内においては、先生は先生らしく、医者は医者らしく、親は親らしく行動することが求められます。つまり、社会向けの習慣的な態度のことです。

「シャドウ」とは、ある人の性格の裏側のことです。容認しがたいものとして追いやってしまった「生きられなかった心の半分」です。これが「個人的シャドウ」です。一方、殺人といった人類に共通してある悪の概念に近いものが「普遍的シャドウ」です。例えば、「人を傷つけてはいけない」という社会的ルールを教え込まれた人は、「攻撃性は悪」などといった意識体系を形成します。表面上はそれを守りますが、意識下に抑圧されたその心的内容は強い攻撃性をもって存在することになります。

「コンプレックス」とは、一つの共通の感情によって結合されている無意識内に形成されている心的内容であり、その中核には心的外傷があります。

「投影」とは、自身のシャドウやコンプレックスを認めるのではなく、他人などにそれらを見ることです。つまり、他人の言動に対して、それが単純に自分と違うと思うのではなく、不快で嫌な気持ちが湧き起こることに対し、そのような自分と違う人は悪いといった偏見なるものを感知した場合は、自分の中に抑え込んでしまったシャドウなりコンプレックスを見ていることになります。

「自我」とは、一貫した統合性をもった意識体系の中心的機能のことです。この統合性があるがゆえに、人間は一個の人格として認められ、外界を認識します。

「意識」とは、「実際われわれの意識はそれ自身をつくり出すのではなく——それは未知の深淵から湧き出てくるのである。幼児期に、それはだんだんと目覚めてくる。〔中略〕それは無意識という原始的な子宮から毎日生まれ出てくる子どものようなもの」です（A・ヤッフェ編『ユング自伝2』。〔〕は筆者の挿入）。

「無意識」とは、「内界にあって直接に経験できるもの」です。すなわち、意識の領域はその限界を設定することができませんが、未知なるものに当たる時、その限界を見出します。その際、未知なるものは二つのグループ、すなわち、「外界にあって、感覚によって経験できるものと、内界にあって直接に経験できるもの」であり、後者の領域が無意識になります（前掲書）。人間の心のなかには意識と無意識の層があります。無意識には「心の構造」として「個人的無意識」と「普遍的無意識」とがあります（図1参照）。個人的無意識とは、意識内容を忘れたか抑圧したか、または何らかの方法で心に残されたコンプレックスといったような感覚的な痕跡の内容から成り立っています。普遍的無意識については前述した通りです。

「自己」とは、意識的な自我を包括する存在であり、意識と無意識を含んだ心の全体性の中心です（図2参照）。自己は無意識内に存在しており、それ自身を知ることはできません。意識的な心の中心としての自我を上回る存在であり、自我は自己の働きをただ意識化するのみです。ユングは、何が自己なのかという質問に対し、「ここにおられるすべてのひと、皆さんが、私の自己です」と答えたということです。これに対し河合隼雄氏は「自己というのは、思いの

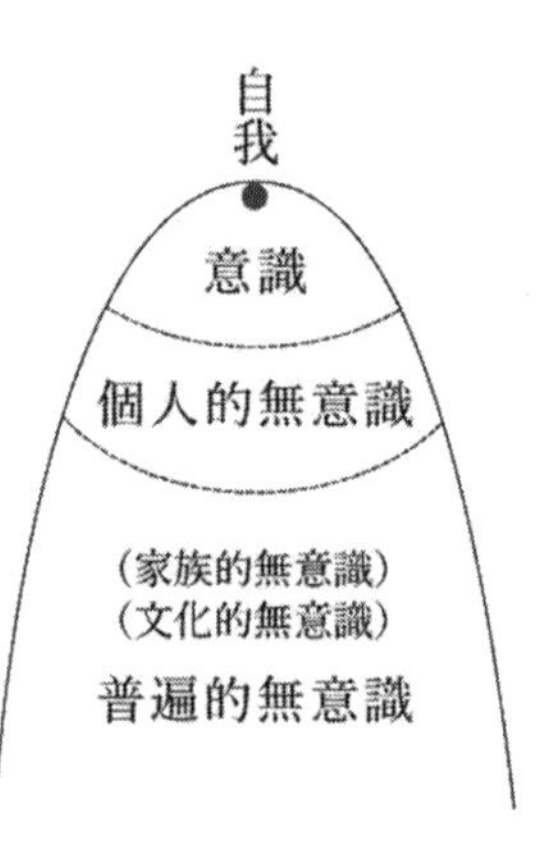

図１　心の構造
『無意識の構造』p.33より

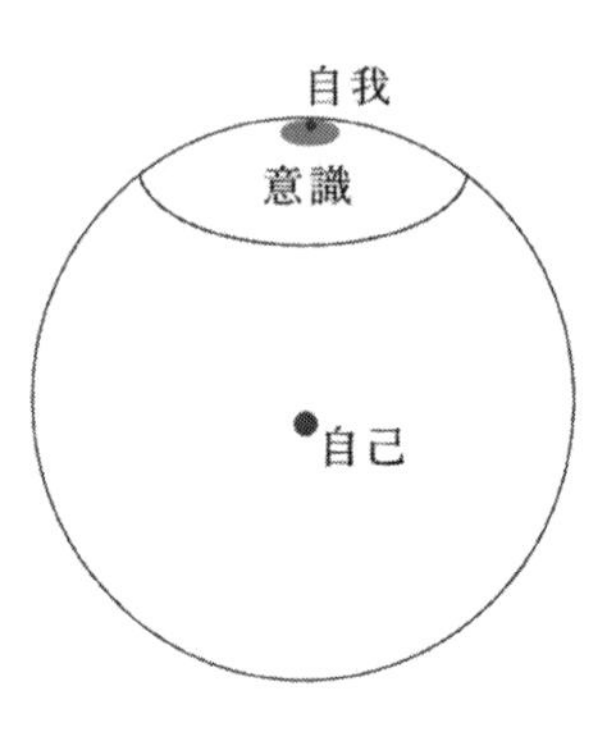

図２　自我と自己
『ユング心理学入門』p.221より

ほかに共有されているのかもしれない」と仰っています（河合隼雄著『無意識の構造』）。

「自己実現」とは、意識と無意志を含んだ心の全体性の中心である自己が、自我を高次の全体性へと導く努力の過程です。自己実現はその人固有のものであり、各自が成し遂げなければならない何ものかです。自己実現に到達点はなく、発展して止まない過程であり、過程そのものに人生における大きい意義があります。これが人生の究極の目的です。

A・H・マズローの「基本的欲求」について

心理学者のマズローは人間には五段階の「基本的欲求」があると唱えています。第一段階の低次の欲求から第五段階の高次の欲求がありますが、それら低次の欲求が満たされると次の欲求が出現します。高次になるほど、欲求はより人間に特有のものとなります。

＊マスローおよびマズローという表記について、『人間性の最高価値』ではマスロー、『[改訂新版]人間性の心理学』ではマズローとなっているが、本書では文中ではマズローという表記で統一することとする。

第一段階は「生理的欲求」です。本能や欲望、すなわち、食欲、睡眠欲、性欲などのことです。

第二段階は「安全の欲求」です。安全、安定、依存、保護、秩序などを求める欲求のことです。

第三段階は「所属と愛の欲求」です。所属する集団や家族における位置を確保したいという欲求のことです。この欲求が妨害されると、「不適応やさらには重度の病理の最も一般的な原因」となります（『人間性の心理学』）。

第四段階は「承認の欲求」です。自身に対する高い評価や他者からの承認などに対する欲求・願望などのことです。この欲求が妨害されると、「劣等感、弱さ、無力感などの感情」が生じ、「これらの感情は、根底的失望か、さもなければ補償的・神経症的傾向を引き起こすこと」になります（前掲書）。

第五段階は「自己実現の欲求」です。自身がなりうるものにならなければならないという欲求のことです。この欲求は、これ以前の欲求が先だって満足された場合にはっきりと出現します。もっともこの欲求が実際にとるかたちは個人差が大きく、人により、理想的な母親、運動競技、絵画、発明などにおいて表現する人もいます。

最終的には、「最高の自己実現」／「最高の欲求」／「自己実現の超越」といった段階になります。そもそも自己実現者の中には、「至高体験」のある自己実現者とそれがない自己実現者があります。「至高体験」とは次のようなものです。

それは地平線がはてしなく広がっている感じで、これまでよりも力強く、また同時に無力の感じ、偉大なる恍惚感と驚きと畏敬の感じ、時空間に身の置きどころのなさであり、つまるところ、とてつもなく重要で価値のある何かが起こったという確信であり、それ故そのような経験によって被験者は日常生活においてさえある程度変化し、力づけられるのである。

（前掲書）

至高体験がない自己実現者とは「……実務的で、有能で、この世の中で中程度の生活をし、何でもそつなくこなすという傾向がある……。［中略］社会生活の改善者であったり、政治家であったり、社会における労働者であったり、改革論者であったり、改革運動者であったりすることが多い……」、一方、至高体験がある自己実現者とは、「彼らは『あるがまま』の世界に住んでいるようである。［中略］……ある者は詩人であったり、音楽家、哲学者、宗教家であったりすることが多い……」ということになります（前掲書。［］は筆者の挿入）。

超越的体験に生きる人たちとは、至高体験ばかりか「高原経験」をも経験し、「B認識」をもち、「B価値」を追求します。「B価値」に生きる人こそが、完全なる人間性、最高の自己実現を極めた人となります。以下に簡単に言葉の説明をします。

「超越」（再掲）とは、「人間の意識の最高の、最も包括的で、全体論的な水準を意味するものである。その行動や関係は、自己、特定の相手、人類一般、他の種族、自然、宇宙に対して、手段としてよりむしろ、最終的な目的としてとり組むのである」ということになります（『人間性の最高価値』)。

「高原経験」とは、純粋で感情的である至高体験と比べると、むしろ静かでおだやかなものであり、はるかに自発的であり、知性的で認識的な要素があります。そこでは「人間が終局的な目的、神、完全性、本質(生成よりむしろ)、存在、神聖、神性になれる」のです(前掲書)。

「B認識」とは、最も純粋で、最も効果的な現実認知です。客観的で、認知者の願望や恐れや欲求に動かされることがないので、対象をより真実に、まともに認知することができます。

「B価値」とは、本質あるいは究極的な価値、すなわち、真実、善、美、全体性(二分法超越)、躍動、独自性、完全性、完成、正義、単純、富裕、無礙、遊興、自己充足などです。

ケン・ウィルバーの「意識のスペクトル」について

「意識のスペクトル」とは、「東西の意識や精神に対する多彩なアプローチを総合するために、ウィルバーが比喩的に提唱した層状意識観」です(ケン・ウィルバー著『無境界』)。スペクトル状の意識は三つの帯域(心のレベル、実存のレベル、自我のレベル)と四つのマイナーな帯域(超個の帯域、生物社会的帯域、哲学的帯域、影のレベル)になります(図3参照)。

三つの帯域について

「心のレベル」とは、「自分が根本的に宇宙と一つであるという感覚」、「精神と肉体と残りの

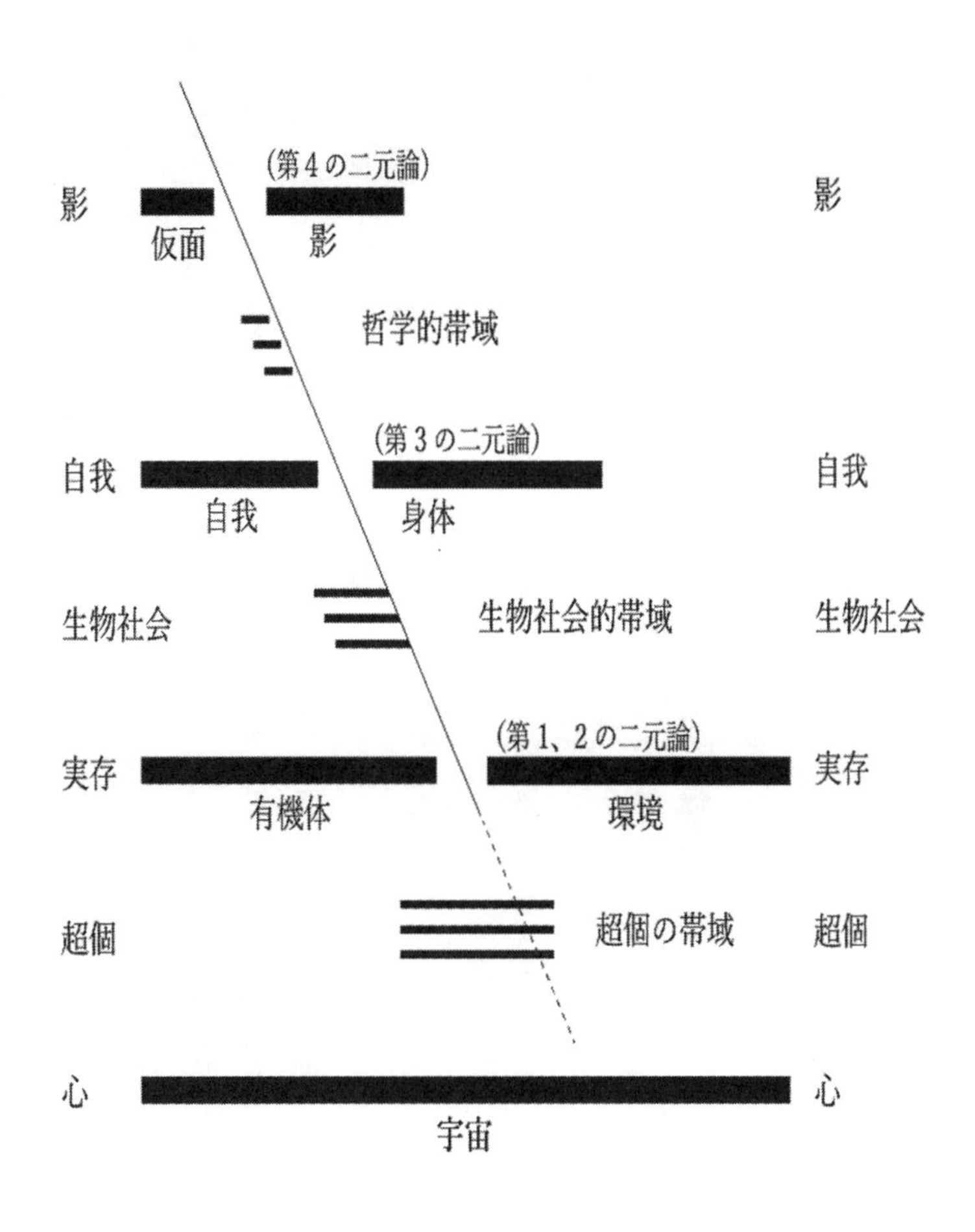

図３　意識のスペクトル
『意識のスペクトル［１］』p.234より

宇宙を包括する」という非二元論的な有機体的意識、純粋意識です（ケン・ウィルバー著『意識のスペクトル［1］意識の進化』。傍点はママ）。「有機体的自覚」とは、現在のみを自覚するという瞬間的な意識であり、有機体的意識と宇宙意識とは一つのものです。つまり、有機体的意識には時間がないために、隔たりがありません。よって、過去と未来、内部と外部、自己と他者も知りません。純粋な有機体的意識とは非二元論的自覚（絶対的主体性）です。

「実存のレベル」とは、「人間は環境に対立する自らの全有機体に自己同一化」している帯域です（前掲書）。このレベルでは、人間は皮膚によって取り囲まれていると想像し、それにより環境と対立する有機体へとアイデンティティーが移動していきます。絶対的な現在にあっては、過去も未来も存在していません。つまり、未来が存在しないということは死を受け入れることに他なりません。しかし、自らの有機体にだけ自己を同一化した人間は、「自分にとって死と見えるものを受け入れることができない」となります（前掲書）。これが第一の二元論、すなわち空間と、第二の二元論、すなわち時間に存在する有機体だけに同一化した状態です。従って、有機体対環境、自己対他者、そして生対死、過去対未来がこのレベルの主な二元論になります。

尚、実存的自覚とは、「内部と外部、過去と未来（第一と第二の二元論）という基本的分裂に汚染された有機体的自覚」です（前掲書）。しかしながら、このレベルの人間は、精神と身体は不可分であるトータルな心身統合体との接触を保っていることから、実存的自覚のことをもう一方で「ケンタウロスの自覚」と呼びます。「ケンタウロスの自覚」とは、「ケンタウロスのように自治能力をもった全有機体の自覚」という意味です（前掲書）。

「自我レベル」とは、「自分の役割、自分自身の像、自己イメージの意識的側面と無意識的側面を含むとともに、知性ないし『精神』の分析的、識別的性質をも包摂する意識の帯域」です（前掲書）。特徴的なのは、自分を身体と心の統一体としての総体ではなく、単に身体を所有するに過ぎないという有機体の一側面にアイデンティティーを狭めていることです。

人はいずれは自分の身体が朽ちることを知っています。それゆえに死からの逃亡を続けるのです。これが心と身体の境界の発生の要因となります。つまり、身体を放棄するのです。このように身体を放棄した人間は、「自らの写像、死を思わせるものをすべて取り払った写像である自我としてのみ生きる」ようになります（『無境界』）。従って、精神対人体、魂対身体、自我対肉体がこのレベルの主な二元論になります。

このように自我のレベルの人間は自らを、空間の中に存在し、時間的に存続する有機体と見なすことから、「存在しない過去に住み、来ることのない未来を求めて、時のない瞬間の死を回避しようとする」ようになるのです（『意識のスペクトル［1］』）。

四つのマイナーな帯域について

「超個の帯域」とは、心のレベルと実存のレベルの間にある諸帯域であり、「ユングの集合的無意識、超感覚的知覚、超個的目撃、星体投射、身体離脱体験、高原体験、透聴、その他の現象」が見出されます（前掲書）。自己と他者との境界が完全に結晶化していない諸帯域で起こります。また、超個の帯域は、時に超個的目撃者として体験され、超目撃者とは「あるがままの流れを、干渉、注釈、操作せずに、観察することができる。この目撃者はただひたすら独創的な超然とした態度をもって、心身の内と外双方の出来事の流れを見守る」ということになります（『意識のスペクトル［2］』）。

「生物社会的帯域」とは、有機体の行動全般の指針となり、実存のレベルの上限とも呼ぶべき帯域であり、「人間の意識の最深部に横たわる実に膨大な象徴の堆積層」であり、「実存ないしケンタウロスの自覚の社会化と呼ぶべきもの」です。この帯域において、「他人はわれわれがこうすべきだと思っている」という自身の思い込みにそって世界に対応する仕方を学びます（前掲書）。

「哲学的帯域」とは、自我のレベルの上にある帯域であり、「生物社会的帯域を構成する社会的な区別のマトリックスのうえに位置する個人的な区別のマトリックス」であり、「個人的フィルターとして働き、その網目と調和しない諸経験を締め出して」しまいます（『意識のスペクトル［1］』。傍点はママ）。

「仮面のレベル／影のレベル」とは、「究極の分断と断片化によって、人間は自らの自我に二元論または分裂を強要し、根底にある自我の諸傾向のすべての統合性を抑圧し、それらを仮面と影として投影」するレベルです（前掲書。傍点はママ）。これが第四の二元論、すなわち仮面対影です。

自我は自身の内部に生じた否定的な思いを否定し、自我の外側におく、つまり投影しますが、それは存在し続けます。すると自我は自己イメージを受け入れやすくしようとして、自己イメージを不正確にし、ゆがめてしまいます。これが「仮面」です。そして外部に投影された自我の局面が「影」となります。このようにして自我の内部に一つの境界が生じ、自己感覚が狭くなり、恐ろしい非自己の感覚が成長していきます。このようにして仮面のレベルが設けられます。影のレベルにおいては、「環境や身体との直接的な接触、さらには、自我の一部との接触さえ失ってしまって」います（前掲書）。

尚、仮面と影については、大枠ではユングのペルソナとシャドウの概念に対応しています。以後、ウィルバーのそれらについて言及する場合は、仮面と影とし、ユングの場合は、ペルソナとシャドウと表記します。

G・I・グルジェフの〈創造の光〉と「意識状態」について

グルジェフはロシアの思想家です。グルジェフの〈創造の光〉と「意識状態」について簡単に説明します。参考文献は、P・D・ウスペンスキー著『奇蹟を求めて』とK・R・スピース著『グルジェフ・ワーク』よりとします。尚、〈〉（山かっこ）は該当書の通りとします。

〈創造の光〉について

まず、宇宙を〈創造的中心からの段階的流出の体系〉とし、その原動力を単一で独立した意志としての〈絶対〉とします。そこから無限の〈創造の光〉が進展します。〈創造の光〉は上から下へと、以下の順を追って分割と浸透がなされます。

〈絶対〉⑴→全宇宙⑶→全太陽⑹→太陽⑿→全惑星㉔→地球㊽→月(96)

1から96の番号は、その世界を支配している力、あるいは法則の種類の数になります。全太陽とは銀河系の星の集積、太陽とは私たちの太陽、全惑星とは太陽系の全惑星のことです。

1となる〈絶対〉にはただ一つの力あるいは一つの法則、言い換えれば、〈絶対〉のただ一つで独立した意志があるということです。次の全宇宙は三つの力あるいは三種類の法則に支配され、それ以下はそれぞれの数字の法則に支配されます。地球は48の力あるいは48種類の法則が作用していることになります。〈創造の光〉の末端は月の96です。それ以降の192以下もありますが、〈創造の光〉は届かなくなります。

地球は48の法則に、月は96の法則に支配されていることになりますが、法則数が少ないほど〈絶対〉の意志に近くなり、多いほど〈絶対〉の意志から離れ拘束されていることになります。要するに、機械性が強くなります。人間を拘束する機械的法則から自己を解放し、〈絶対〉へと向かう運動が自己実現の道となります。

〈創造の光〉の七つの段階においては、物質性における振動率がそれぞれ異なっています。〈絶対〉の振動は最も早く、密度は最も低く、下に行くほど振動はより遅く、密度はより高くなります。

この法則は宇宙の第一の法則〈三の法則〉によるものです。それは人間の意識や宇宙のあらゆる現象に当てはまるもので、〈能動的〉(第一の力)・〈受動的〉(第二の力)・〈中和的〉(第三の力〉という三原理の所産になります。そもそも「創造」はこれら三つの力の結合に基づいており、これら三つがそろわないと何事も起こりません。一般の人々の意識段階では第三の力に対しては盲目的であり、二元性以上のものを見るためには高度な意識の覚醒が必要になります。

「意識状態」について

人間には四つの意識状態があります。普通の人間の意識状態は、第一番と第二番です。

第一は、「通常の睡眠」および「眠り」と呼ばれる意識状態です。すなわち完全に主観的な意識状態です。夢にひたりきっていて、五感を刺激するようなことがあっても、単に幻想的、主観的イメージをもたらすだけです。

第二は、「通常の覚醒状態」です。すなわちほぼ完全に主観的な意識状態です。覚醒した状態で行動をしているように見うけられ、第一よりよい状態にあるように思われますが、通常の睡眠よりも数段危険です。それは思考を止めることができず、想像力、感情、注意力をコントロールすることができないからです。言い換えれば、そのような人にとっては、すべては起こるのであり、機械、もしくは眠りの中で生きているとも言えるのです。真実の世界は空想の壁により隠されてしまっています。

第三は、「自己意識」です。自己意識は自己想起により得られ、人は「眠り」と「通常の覚醒状態」という主観的な意識から、初めて真に目覚めることができます。この状態は特にワークをしなくても普通の人に瞬間的に閃くことがあります。

第四は、「客観意識」です。客観意識とは、「客観的な意識状態」であり、「事物をあるがままに見る」ことができます。通常の意識状態で獲得された知識は夢とまぜこぜになってしまっています。第三の自己意識の開発を経るものですが、一瞬だけ閃くことは誰にでもあり得ます。

ジョン・C・リリーの「意識の諸レベル」について

ジョン・C・リリーは科学者です。リリーはイルカの研究でも著名ですが、型破りであったのは、感覚を一切遮断した空間「アイソレーション・タンク」を開発し、自分自身を実験台として「孤独－隔離－監禁の研究」という人間の意識の研究をしたことにあります。

リリーが興味深いのは、LSD体験、タンク内でのLSD体験、幽体離脱、メンテーション（心的作用）、霊的成長のエクササイズ等々を広範囲にわたり体験していることです。（リリーの実験におけるＬＳＤの使用は合法です。）さらに知識としてではなく、最も高い意識状態の体験者の一人であるということです。つまり、リリーは科学者として、あらゆるレベルへとイントリップをしたということです。

リリーは「意識の諸レベル」について記しており、それをグルジェフの〈創造の光〉と対応させています。

以下に簡潔にリリーの「意識の諸レベル」について、ジョン・Ｃ・リリー著『意識（サイクロン）の中心』より適宜抜粋します。尚、Ｇレベルとはグルジェフの振動レベルです。

Ｇレベル96

否定的状態。苦痛、罪の意識、恐怖。しなければならないことを、苦痛、罪の意識、恐怖の状態ですること。いささかアルコールを飲みすぎた状態。睡眠不足の第一段階。

Ｇレベル48

中立的な生命コンピュータの状態。新しい概念の吸収と伝達の状態。肯定的でも否定的でもない中立的な状態で、教えることや学ぶことを最大限に促進すること。

Gレベル24

専門家的サトリあるいは基本的サトリのレベル。必要なプログラムのすべてが生命コンピュータの無意識内にあり、円滑に機能している状態。自己はおのれが最もよく知っていて、やりたい楽しい活動に没頭している。

Gレベル12

至福状態。キリストになる。神の慈悲の受容。宇宙的愛。宇宙的エネルギー。高められた身体的自覚。身体的意識と地球意識の最高の働き。恋に陥ること。

Gレベル6

仏陀になる。意識、エネルギー、光、愛の点－源。意識の点、透聴の旅、透視の旅。時間の中での他の実体との融合。

Gレベル3

救世主になる。古典的サトリ。宇宙的な心との融合、神との合一。

リリーは具体的な体験談を述べています。興味がそそられますね。それについては後述します。

第二節　〈サトリ〉の定義と解説および「レベル」について

〈サトリ〉の定義と解説について

長くなりましたが、以下に本書の〈サトリ〉の定義、および〈サトリ〉にまつわる言葉の解説をします。

〈サトリ〉の定義

〈恒久的自己〉として、永遠の〈今〉に生き、〈大宇宙〉に見守られながら、苦しみを超越し、感謝し楽しみながら〈ミッション〉を果たすこと。

〈恒久的自己〉とは

〈大宇宙〉というジグソーパズルのワンピースとしての人の本質。〈本当の自分〉。自我＝エゴ＝自分の関与がないこと。〈自己同一化〉がないこと。

〈自己同一化〉とは

人が何らかの印象、人、物、事象、思考、思想、固定観念、感情、イメージ、文化、教育、ペルソナ、アイデンティティー等に囚われていることにより、自我がそれらと一体化してしまい、〈恒久的自己〉を見失っている状態のこと。

〈自我的思考〉とは
マインド・ワンダリングにおいては、（少なくとも）四つの要因（煩悩（特に「三毒」）、生存という至上命令、「脳のくせ」、自動思考）の影響を受けることになる人間の思考傾向のこと。

〈今〉とは
永遠に続く瞬間の連続のこと。

〈大宇宙〉とは
進化という意志をもち、あらゆるところに遍在する偉大なる存在。

〈ミッション〉とは
〈大宇宙〉にプログラムされたこの地球上で果たすべきこと。

〈サトリ〉の定義の解説

〈恒久的自己〉は〈大宇宙〉というジグソーパズルのワンピースとしてあなたの内部に存在しています。人間は〈大宇宙〉にプログラムされていますが、意識体系の中心的機能としての自我は〈自我的思考〉に支配されやすいばかりか、〈自己同一化〉を認識していません。そのため〈恒久的自己〉は奥深く気づかれることなく眠ったままになっています。あなたはその存在を見ることはできません。ただ感じることしかできません。その存在はあなたをいつも見つめ、あなたと一緒にいます。なぜならあなたの〈本質〉だからです。

〈恒久的自己〉として生きるということは、〈自己同一化〉から解放されるということであり、〈今〉に生きるということになります。それは煩悩を超越した世界です。そして感謝し楽しみながら〈ミッション〉を果たします。必然的にあなたは高揚感に包まれ心身のエネルギーは高くなります。

そもそも〈恒久的自己〉として〈今〉に生きるということ自体、すべての人間に与えられた人類普遍の〈ミッション〉になります。人は自身に限定した個人の〈ミッション〉は意識しますが、人類普遍の〈ミッション〉にはなかなか気がつきません。要するに、〈サトリ〉とは、二重構造になっており、言わば〈ダブルミッション〉なのです。つまり、人類普遍の〈ミッション〉において個人の〈ミッション〉を遂行すれば、スムーズに成就しやすくなるということになります。尚、本書で〈ミッション〉と記す場合は、個人の〈ミッション〉を指すものとします。

このような境地に境界はありません。すべては一つであり、一つはすべてです。すべては相互に依存しあい、すべては一つの場に織り込まれています。

いかがでしょうか。抽象的で分かりにくいかもしれませんが、追々説明していきますから安心してください。とりあえずここではこんな感じくらいに捉えていただければ結構です。繰り返しますが、〈サトリ〉はもうすでに誰にでも与えられているのですが、ただ当たり前すぎて気がつかないだけなのです。歯がゆいですね。楽しみに読み進めてください。

〈サトリ〉の「レベル」関連について

「レベル」の前提について

「レベル」は六段階あります。「レベル」の前提を説明します。

まずは〈人格の深化〉です。お釈迦さまは、この世のすべては苦であり、自分の思い通りにはいかないとして「一切皆苦」を説きました。この惑星に生まれてきた限り、基本的には苦が伴います。人は苦しみ故にそこから解放されようと必死に模索します。すると人格は深くなっていきます。人格が深くなるにつれ、この世の〈仕組み〉が読めるようになっていきます。つまり、〈人格の深化〉とこの世の〈仕組み〉は相関関係があるということです。この関係が充実していけば、必然的に、〈サトリ〉は純化されていきます。〈仕組み〉については後述します。

次に、「レベル」間は流動的であり、固定されているわけではないということです。人は、人助けをするとさわやかな気分になり、逆に、怒りや憎しみに席巻されてしまうと陰鬱な気分に襲われます。このように気持ちや感情の揺れにより「レベル」間を行き来することになります。もっともそれが長期ということになると「レベル」は固定されます。なぜなら「レベル」の判断は、どのレベルにどれくらい長い間いるかということになるからです。

それでは簡単に「レベル」間の往来について基本的な可能性について見てみましょう。「レベル」は六つあります。「レベル」をカテゴリー化した場合、「レベル1」と「レベル2」は「下」、「レベル3」は「中」、「レベル4」、「レベル5」と「レベル6」は「上」としておおよそ分類できます。流動性があるので、「下」であっても「上」への上昇はあり得ます。しかしながら、それは一時的になります。定着ということであれば、現実的に何か衝撃的な出来事を経験しない限り、なかなか難しいことでしょう。「中」にあっては「上」と「下」のグループを往来すると考えます。「上」が「レベル1」へと下降する可能性はないとは言えませんが、仮にあったとしても一時的であり、すぐに持ち直すことができます。

最後に、改めて言いますが、私たち世人は俗世間に生きる人間だということです。私たち世人は絶えず誘惑に駆られていますし、生活の維持に必要なことをしていかなければなりません。従って、一日の限られたエネルギーをそちらに費やすことを余儀なくされます。時には、〈サトリ〉など眼中にない状況に置かれることでしょう。しかし、それでも〈真の幸福〉を求めるならば、諦めることなく、少しでも〈サトリ〉の方向へと向かっていただき、各「レベル」を気負わずリラックスして、そして粘り強く進めることを忘れないようにしてください。

そもそも「さとり」は人類の永遠のテーマなのです。容易に得られるはずもないじゃありませんか。しかしながら、本書の〈サトリ〉には秘策があります。それについては最後に述べます。楽しみにしていてください。


〈サトリ〉を得るために必要なこの地球上の〈仕組み〉について

前述したように、この地球のものはすべて「光と影」、「善と悪」、「男と女」といった二項対立の影響を受けます。要するに、人間の思考もこの二極化においてなされているということになります。例えば、愛が憎しみに変わる場合があります。それはそもそも愛と憎しみは同質のものであり、紙一重であることを物語っています。従って、愛が深ければ深いほど、憎しみも深くなります。もっとも二項対立の構図が悪いと言っているわけではありません。愛を知ることにより、その対極の憎しみが理解できるからです。ただ、このあまりに当たり前のことに気づいていないということです。それに気づかない限り新たなる局面は展開されていきません。

さらに注目すべきは、観察者はその対極のどちらかに自己同一化する傾向があるということです。〈自己同一化〉の定義は前述しましたが、〈自己同一化〉の背景を見てみましょう。

自己同一化を英語にすると、「アイデンティティー」になります。その意味は「自己認識・

自分を何者として宣言するかという本質的自己規定」です（『ランダムハウス英和大辞典』第二版）。さらに意味を確認すると、「自我によって統合されたパーソナリティと社会との関わりを説明する概念」となります（『百科事典 マイペディア』電子辞書版）。要するに、対社会という意識に基づき獲得されたペルソナや役割等と言い換えられます。

以下に、〈自己同一化〉を具体的に見てみましょう。

「怒りに我を忘れる」といった場合、怒りに自我が飲み込まれており、自我と怒りが一体化している状態です。また、「お金は汚い」といった固定観念をもっている場合は、その考えと自我が一体化しています。このようにたとえ感情であろうが、固定観念であろうが、自我がその対象と一体化しているという観点からは、〈自己同一化〉には変わりはありません。憑依という現象がありますが、それは霊などに自分が乗っ取られている状態です。要するに、憑依現象と〈自己同一化〉はまったくの別物ではないことになります。もっとも憑依現象は恐怖をかき立てるマイナスの現象以外の何ものでもないので、何としても避けたいものですが、〈自己同一化〉は、自分の存在意義や健全な社会生活を営むためには必要不可欠なものなので、何としても固守したいものです。

問題は、〈サトリ〉を得るためには、この二元的意識を非二元的意識にし、〈自己同一化〉を〈自己非同一化〉にし、自己分割を自己非分割にするかということになります。よって、大切なことは、〈自己同一化〉していることを知り、社会生活とのバランスを取りながら、いかにして〈恒久的自己〉として生きていくかということになります。すなわちそれが〈サトリ〉を得て生きるということにつながります。

六つの「レベル」について

ジョン・C・リリーは「意識の諸レベル」において、グルジェフの〈創造の光〉と対応させていますが、本書ではそれを「Gレベル」として参考にします。概略として重複する部分があるという意味であって、すべてが対応しているわけではありません。

「レベル」は以下の通りです。

レベル	Gレベル
レベル1〈地下〉	96 月
レベル2〈地球〉	48 地球
レベル3〈全惑星〉	24 全惑星
レベル4〈太陽〉	12 太陽
レベル5〈全太陽〉	6 全太陽
レベル6〈全宇宙〉	3 全宇宙

「レベル4」からは私たち世人には難しくなっていきます。卓越したマスターもガイドもいない、スピリチュアル関係の特殊なワークの経験もない、座禅の修練もない、ヘミシングといった特殊な音響技術もない、アイソレーション・タンクといった感覚を遮断する装置もないのですから……。

Gレベルの特徴については簡潔に前述しましたが、リリーの体験談を見てみましょう。リリーはGレベル12への「霊的トリップ」についてこのように言っています。

あらゆるものが透明になった。宇宙エネルギーが私の身体に入りこみ、身体全体から他人に送られるのが見えた。……なにもかも完璧だと思った。私も地球も、その上に住む人も、あらゆるものが完璧であった。すべてのものが生きていた。すべての人々がかけがえのない存在であり、喜びに溢れていた。

(『意識の中心』)

これを読んだだけでも「異次元!! 無理!」と思ってしまいますよね。しかし、人間の意識はいつも同じところにあるわけではなく、上昇したり下降したりしています。従って、私たち世人であっても一時的にGレベル12に上昇する場合があります。世人のための〈サトリ〉はその一時的な上昇を極力長く維持できるように目指すものなのです。

Gレベル12ですでに異次元でしたが、もう一つ上のGレベル6が気になるところです。リリーはGレベル6についてはどのように言っているのでしょうか。

一度、その点の中に入りこみ、その点となるや、身体に下降することも、他人の頭や身体の中に入りこむことも、地球を飛び出し、外宇宙、銀河、宇宙へと入りこんでいくことも可能となる。［中略］

人が、自分自身の永遠性を自覚しはじめるのは、+6においてである。ここで人は、自らの前世に出合うかもしれない。未来に関する情報——たとえば、ありうべき未来や、どのくらい自分の身体ないし乗り物が存続し、どんな状況の下で死ぬかということに関する確かな知識など——に出くわす場合もある。

（前掲書。［ ］は筆者の挿入）

こんな体験をしたいとは思いますが、私たち世人には無理でしょう。知識や努力を積み重ねたところで体験できるものではありません。もっとも一時的にGレベル6へと上昇することはあるかと思います。しかしながら、エネルギーが高すぎて、「えっ！　今の何だったの⁉　何かすごかったんですけど‼」といった感じで終わってしまうことでしょう。このような体験を一時的で終わらせることがないレベルは、お釈迦さまをはじめ、ごくわずかな人しかいないことでしょう。

しかし、ひるむことはありません。要は、迷いを解くことができ、真理を垣間見ることができればいいわけです。少なくともそちらの方向に向かい、高いレベルの滞在時間を長くするよう心がければいいのです。とにかく好奇心や向上心を絶やすことなく果敢に挑戦しましょう。

「レベル」の基準について

「レベル」の分類の基準としてケン・ウィルバーの「意識のスペクトル」を参考にします。概略として重複する部分があるということです。分類の基準の根底には〈自己同一化〉があります。

「レベル」の分類は以下の通りです。

レベル	ケン・ウィルバーの意識のスペクトル
レベル1	影のレベル
レベル2	自我のレベル
レベル3	生物社会の帯域
レベル4	実存と超個の帯域の間
レベル5	超個の帯域

レベル6　超個の帯域と心のレベルの間

各「レベル」について、波動の観点から補足します。波動エネルギーについては測定もできませんし、相対的な言い方しかできません。グルジェフの〈創造の光〉の箇所で振動率として簡単に触れましたが、もう少し分かりやすく解説します。

波動とはエネルギーです。言い換えれば、波であり振動です。一秒間の振動数を周波数と言い、その波は山と谷が交互に連続します。山と山の頂点を結んだ長さは波長、山の高さや谷の深さは振幅です。音波の場合、波長は同じであっても波形が異なれば音質が異なります。

振動数とエネルギーということについて考えてみましょう。振動数が多くなれば波長は短くなり、エネルギーは高くなります。逆に、振動数が少なくなれば波長は長くなり、エネルギーは低くなります。例えば、ヘリコプターを想像してください。ヘリコプターが動いていない時にはプロペラの枚数が分かります。しかし、エンジンをかけプロペラの回転数が増しエネルギーが高くなるにつれ、次第にプロペラは見えなくなっていきます。これによりヘリコプターは上昇していきます。

人間の場合はどうでしょうか。人はうれしい時や楽しい時などは、小躍りしたり、スキップしたりと動作が早くなり上に向かいます。声も高くなります。それはエネルギーが高くて軽いからなのです。冒頭で述べた『ロミオとジュリエット』のバルコニーのシーンのロミオを思い出してください。一方、怒られた時や悲しい時などは、ガクッと肩を落とし、歩くペースは遅くなり下に引きずられる感じになります。声も低めになります。それはエネルギーが低くて重いからなのです。

このように人間の心のあり方は動作として顕著に表れます。これは「万物は素粒子レベルでは高速で回転している」、言い換えれば、「人間の体内の素粒子は高速で振動している」ということになります。要するに、この素粒子の振動数が高くなれば心身が軽くなり上昇し、低くなれば心身が重くなり下降するということになります。ただし、心の回転数が上がっても、身体に何らかのブロックなどがあると、上昇しきれません。ヘリコプターで言えば、プロペラの回転数が増しても、機体に何らかのトラブルがあれば上昇できないのと同じことです。

心身は一体であるので、心身の浄化に努めることです。言うまでもありませんが、レベル1の振動数が一番低く、レベル6が一番高いということになります。

「レベル」について

レベル1〈地下〉

地下には太陽の光がかすかに届きますが、光が十分でないことから、人工的に光を当てないと植物は育ちません。また、湿気も多く、新鮮な空気は期待できません。さらに圧迫感や息苦しさにも悩まされます。

「レベル1」とは、次の定義に当てはまる人の「レベル」です。

〈自我的思考〉にコントロールされているが、それにまったく気づいていない

グルジェフの意識状態で言えば、第一状態（眠り）と第二状態（通常の覚醒状態）に相当します。この意識状態は少なくとも「レベル2」までは継続されます。

自我は一貫した統合性をもった意識体系の中心的機能であり、この統合性ゆえに人間は一個の人格として認められ、外界を認識します。従って、人間にとっては必要不可欠です。自我は、自身のアイデンティティーを保つことを至上命令とすることから、思考をその手段とします。それゆえに自我は何かと思考をめぐらします。

そもそも多くの人間は「レベル1」で生まれてきます。そしてその思考は〈自我的思考〉にがんじがらめになっています。「レベル1」と〈自我的思考〉との関係について述べる前に、思考について具体的に考えてみましょう。

思考のポジティブな側面について

自身の世界は思考で成り立っています。よって、思考のコントロールがすべてと言っても過言ではありません。思考がなければ、物事を追究したり、日々の生活や人生を計画したりできません。さらには想像力がなければ小説やSFも生まれません。このようなことは通常の思考範囲ですが、この他に注目すべきことが三点あります。

一つとして、自己がなぜか突然無意識を意識化してくるということです。自己とは意識と無意識を包括する存在です。無意識には長期記憶として、自身の過去の経験といった「エピソード記憶」や生存にかかわる事柄などが蓄えられています。それは楽しかったこともありますが、思い出したくないことも大量に蓄えられています。ユングによれば、意識は無意識から湧き出てきます。自我は自己の働きを意識化することしかできません。自己がなぜ突然無意識を意識化するのかは分かりませんが、意識と無意識の相互作用によって自分自身を完成させようとしているのではないか、言い換えれば、自己実現のチャンスを与えようとしているのではないかということです。従って、なぜこのようなことが湧き出てくるのかということを、思考にコントロールされることなく、自身で冷静に考える必要があります。

二つとして、自身の未来の方向性について、自己が示してくる場合があります。それが単なる妄想なのか、本来進むべき道なのかの判断はつきにくいことでしょう。従って、自身で慎重に吟味する必要があります。

三つとして、「直観」／「第六感」というものがあります。「虫の知らせ」もその一つです。これは何の前触れもなく突然訪れます。後述する〝直観〟とは異なります。もっとも「直観」を思考という範疇で捉えていいのかという疑問は生じるかもしれませんが、思考に影響を与えるという観点からここに取り上げます。

このように前向きな思考であればいいのですが、ここで言いたいのは、結果的に、自分で自分の首を絞めてしまうことになる思考のネガティブな側面、つまり〈自我的思考〉です。

思考のネガティブな側面＝〈自我的思考〉について

多くの世人の場合、思考の多くはマイナスなことや不必要なことに費やされています。つまり、どうにもならない過去のことをネチネチ考えたり、未来を無意味に心配したりといった「今」が置き去りになった状態にあります。この状態は「マインド・ワンダリング」と言われています。この思考傾向を放っておくと、まず、身体的にはストレス反応が継続されることになります。悪いことに、あまりに当たり前のことなので本人はこの状態を自覚できないのです。よって、悪化すると鬱病発症へとつながりかねません。

また、この思考の繰り返しは負のスパイラルとしてその回路を強化することになります。そうなるとこの下のGレベル192へと下降してしまいます。その「レベル」をあえて名付けるとすると〈深海〉になります。深海においては、日光は一切届かず、暗く冷たいばかりか、水圧で物質は押しつぶされます。つまり、人間に置き換えると、完全なる八方ふさがりの苦しい世界なのです。「レベル1」でさえ自己分割が多い、すなわち複層的に二項対立が重なっているのです。〈深海〉に落ちる前に思考をコントロールして適切な方向へと向かわせないと、実質的には、自分を取り戻せなくなってしまいます。

例えば、「あの人私のこと嫌っているのかな〜」、「上司だからって、人前で何もあんな言い方しなくたって……」、「今度の新人、私のこと馬鹿にしているみたい」などと思ったことはありませんか。このようなことは社会生活においては日常的に起こることであり、人間である以上、相手の言動を勝手に推測したり、恥をかかされたりしたら不快に思うことは自然なことです。このような場合、その場限りでマイナスの感情をニュートラルにしてしまい、さっさと手放してしまえばいいのですが、繰り返しますが、問題は、いつまでもネチネチと思い続け、迷妄の世界へと入り込んでしまうことにあります。すると負のスパイラルに陥ってしまい、対象となる人を傷つけたり、陥れたりたりと実際に行動に移すようになってしまいます。

思考はなぜネガティブな方向に傾くのか

それではなぜ人間の思考はネガティブな方向へと傾く傾向があるのでしょうか。〈自我的思考〉を詳しく見てみましょう。大前提としてマインド・ワンダリングがあり、各自の思考癖もありますが、その他として以下の四つの要因があると考えます。

一つとして、人間には煩悩がありますが、特に、「三毒」は強力です。（以下、『佛教語大辞典』より適宜抜粋します。）

「三毒」とは、「善根を害する三つの毒。三つの煩悩、貪・瞋・痴」です。すなわち、「むさぼること・いかり・おろかさ」です。「痴」については補足しておきます。「痴」とは「愚痴」のことで、「おろかなこと」ですが、「迷妄。迷い。錯覚。妄想」、「通俗には、心愚かなため、言っても効果のないことを並べたてるのを、痴愚をこぼす、という」の意味もあります。

三毒を分かりやすく心の声として再現してみましょう。少し怖い言い方になりますが、あしからず。「あいつは私に恥をかかせ苦しめている。私がうまくいかないのはあいつのせいだ。あいつをこのままにしておいてはならない。この怒りはあいつを苦しめることによって癒やされるのだ。あいつを私以上に苦しめてやる」。要するに、三毒が人間の根本にあることから、なすがままにしておくと、どうしても思考はマイナス方向へと傾きやすくなるのです。

二つとして、人間にとって生存が至上命令であるということです。人は他人の死には冷静ですが、自分に近しい人になればなるほど受け入れがたくなります。そして自分の死は最も受け入れられません。それは自己の生存が本能としてあるからです。お釈迦さまが「どの方向に心でさがし求めてみても、自分よりもさらに愛しいものをどこにも見出さなかった」と仰っていたように、人間は自分が一番愛おしいものなのです。従って、このように自分の生存や幸福を妨げるものについては、マイナスの感情を抱きやすくなるのです。

三つとして、そもそも人間には、マイナスのことをくどくど考えてしまう「脳のくせ」が備わっているということがあります。具体的には以下の通りです。

・人間の脳には太古より「脳の警報システム」として「『恐怖』と『不安』という『幸せのバリア』がプログラムされています」(マーシー・シャイモフ著『「脳にいいこと」だけをやりなさい！』)。このシステムによりマイナスのことを優先しがちになります。

・「人は一日に六万個の物事を考えていて、その九五パーセントは前日も前々日も考えていたこと」であり、「その習慣的な考えの約八〇パーセントがネガティブなもの」だということです(前掲書)。

・人間の脳には「ネガティビティ・バイアス」と呼ばれる特徴があります。人はポジティブな情報よりも、自分を苦しめるようなネガティブな情報に強く反応してしまい、記憶にも残りやすいということになります。この脳の癖により感情やら思考やらが悪い方向へと向かってしまいます。

四つとして、認知療法の観点から、人間には「自動思考」というものがあるということです。「自動思考」とは、「ある体験をしたときに瞬間的に頭の中を流れる思考やイメージ」のことです(大野裕著『はじめての認知療法』)。具体的には次のような場合です。あなたは電車に乗り遅れたとします。するとあなたは「ああ～、やっぱり自分はだめな人間だ、生きていても意味がない」と瞬間的に思いました。また、あなたは会議に向けて懸命に準備をしています。するとあなたは「質問に答えられないかもしれない、今度失敗したらもう終わりだ、私なんかどうせ嫌われているから……」という考えが根拠もなく思い浮かびました。このように自動思考は心の声として、あなたの行動や感情に影響を与えています。現実を客観視することのないネガティブな自動思考は悪循環になる傾向があります。よって、自覚する必要があります。

「レベル1」と〈自我的思考〉について

前述したように、多くの人は「レベル1」で生まれてきます。この「レベル」の人は〈自我的思考〉にがんじがらめになっていて、自分ではまったくそれに対する自覚がありません。なぜなら〈自我的思考〉があまりに当たり前になっているからです。さらに注目すべきは、〈自我的思考〉をある意味〝直観〟であるかのように信じ込んでいて、それをなぜか心地よく感じている人がいるということです。

他人ごとではありません。自分の思考を客観的に見つめ直し、その傾向を認識してください。結果的に、自分という人間が分かるようになります。さらに〈サトリ〉の観点からも上昇しやすくなります。この「レベル」を自覚し脱することができるかどうかが〈サトリ〉への第一歩になります。

以下に、〈自我的思考〉に席巻された実例を見てみましょう。

【実例1】「愚痴」について

二〇二二年五月二五日の『読売新聞』の「人生案内」、タイトルは「妻の愚痴 もう疲れた」です。内容は、五十代の男性の妻が家では愚痴を言いたい放題で、投稿者にイライラをぶつけ、投稿者は離婚を考えているというものです。自らを省みることのない〝愚痴のオンパレード〟のこの妻を他人ごととして笑って済ませることはできません。なぜなら反面教師だからです。

私たち世人にとって愚痴は切っても切れないものです。少し考えてみましょう。前述したように、愚痴は三毒の一つです。通俗的な意味として、「心愚かなために、言っても効果のないことを並べ立てること」でした。このように人間には愚痴がつきものであって、それをいかに超越するのかが〈サトリ〉につながることになります。

もっとも愚痴と一口に言うものの毛色が違うこともあります。愚痴と思えるものであっても本当に苦しくて助けを求めている場合があります。愚痴を肯定しているわけではありませんが、完璧な人間など最初からいるのでしょうか。人間である以上、愚痴を発散して心身にためないことは大切なことです。このような場合には、当事者は相手のアドバイスなりを真剣に検討します。よって、人間としては当然の発露となります。

問題となるのは、歪んで事態を把握し、悪意を込め、〝被害者〟と化し、それを相手にぶつける場合です。この場合、アドバイスを聞くふりをしますが、どこ吹く風と聞き流します。なぜなら自分の〝毒〟さえ発散できればいいからです。よって、また〝毒〟が溜まるとそれを繰り返します。

戻りますが、この妻の場合、自分の愚痴に対する自責の念など一切ありません。自分がまき散らした〝毒〟がいかに男性に苦痛を与えているのかまったく分かっていません。「そんなの聞き流せばいいんじゃないの?」と人は言うかもしれません。ケースバイケースでそれが可能な場合もあるでしょう。しかし、このケースではそれは不可能です。〝毒〟を相手に塗り付けてやるくらいの勢いで言っているのです。実際、男性はその〝毒〟で心身がやられてしまっているのです。長期にわたりこの状態にいると、妻は〈深海〉レベルへと落ちます。

【実例2】「投影」について

もう一例見てみましょう。この実例は、〈自我的思考〉に取りつかれ、実際に迷妄を実行に移してしまった例です。このような場合は〈深海〉レベルになることは言うまでもありません。

今から三五年くらい前のことです。加害者の女子プロレスラーBは、試合において、被害者の女子プロレスラーAの頸椎を損傷させました。Aは長期入院を強いられました。Bは嫉妬からか、危険を承知で「あえてやった」とのことでした。その後、加害者は反省し改心しています。

Bが A を憎むことは考えられます。後から入ってきた後輩がちやほやされれば人として生じる情動です。その情動を昇華してしまえばよかったのですが、B は A に憎しみを投影、もしくは否定的性質を投影してしまいました。前者の場合、すなわち B が A に憎しみを投影した結果、B は A に憎まれているかのように感じたということになります。後者の場合、すなわち周りからちやほやされたいという否定的性質を投影した場合、そのような偏見を本来 B はもっていることになります。ただ B はそれを自分にはないものと見なしているだけなのです。もちろん A が悪いわけでも何でもなく、B が勝手に思い込んでいるだけなのです。投影者 B は「A に傷つけられた／影響を受けた」として体験したのです。この対処法は次章の「レッスン1」として解説します。

このような場合、B は貧弱になった仮面を自我として自己同一化をしているのです。人格が未熟なために容易に自己同一化してしまうのです。未熟と言っても、これはごく普通のことです。〈自我的思考〉が常習的になり、マイナスの思考回路が強化されていくと、被害者意識や自己憐憫が当たり前のようになってきます。実例1の妻や実例2のプロレスラーB のメンタルは強いように思われるかもしれませんが、逆です。精神的にはいつも何らかの不安や恐怖を抱えており、相手をコントロールして同意を求めることで自己正当化をしようとします。その自己正当化の行きつく果てが被害者意識や自己憐憫なのです。つまり、被害者という弱い立場を取ることにより、相手を自分側に引きずり込もうというわけです。もちろん本人たちはそれに気づいていません。それが当たり前だからです。

実例1の妻のマイナスの回路が強化されていくことにより、実例2のプロレスラーBが迷妄を実行することにより、〈深海〉へと落ちたような場合、自分を取り戻すことはかなり難しくなります。下手をするとそのままそのレベルに居着くことになります。

この「レベル」から浮上するためには、社会的制裁を受けるなり、本人が窮地に陥るとか生死にかかわるような衝撃的な経験をするしか方法はないといっていいかもしれません。プロレスラーBが一歩間違えば殺人者の烙印を押され、社会から抹殺される恐怖を味わったように……。

人は自分が〝かわいい〟ので自分の欠点には見て見ぬふりをします。本来はその逆です。自分が〝かわいい〟がために自分を変容させるのです。

レベル2 〈地球〉

地球を宇宙から見ると国という単位はありません。山も海もすべてが一つになっています。この俯瞰的な視点により、自然災害も戦争も地球上での出来事からは解放されます。

「レベル2」とは、次の定義に当てはまる人の「レベル」です。

①社会生活において自分の人生を前向きに生き、人から〈影響〉を受けにくくなる
②自己対他者・生対死および魂対身体の二元論の影響を受ける

前述したように、そもそも多くの人は「レベル1」で生まれてきます。そして「レベル2」を目指します。しかしながら、「レベル1」から「レベル2」へと上昇し定着することは容易ではありません。「レベル」間は流動的なので、「レベル2」に上昇したと思っても、〈自我的思考〉に囚われるとすぐに「レベル1」に落ちます。要するに、「レベル2」にはまだまだ不安定要素があるということです。

①「社会生活において自分の人生を前向きに生き、人から〈影響〉を受けにくくなる」について

この「レベル」の人は、部分的に〈自我的思考〉の弊害にも気づくようになっているので、自身のマイナス思考をプラス思考へとシフトするように心がけます。よって、人から不快、悪いなどといった偏見を感知しにくくなります。言い換えれば、〈影響〉を受けにくくなります。また、自身のアイデンティティーや社会通念を自身の拠り所とします。例えば、身元、家系、所属などといった社会生活に不可欠な証拠です。よって、社会生活を送る上で必要なペルソナやルールや文化なども身につけ、自身のステイタスを高めることにも力を注ぎます。さらに本

を読んだり、セミナーに通ったりして自己啓発にも努めます。もっともこれらは自我が自身の未来における理想の姿を完成させようとするものであって、言わば自我の計算によるものです。

②「自己対他者・生対死および魂対身体の二元論の影響を受ける」について

この「レベル」の人は、自分と他人とは完全に分離した存在であるという認識の下、精神とは思考であり、思考は身体を所有しており、そしてその身体は思考の入れ物に過ぎないと考えています。従って、身体は所有物なので、多少無理をしてもついてくると思っています。さらに、その身体には寿命があることが分かっており、その身体的な死から逃れようと魂不滅の観念に安心感を覚えたりします。

この「レベル」の人にあっては、自身を空間および時間に存続する有機体と見なしていることから、存在しない過去に住み、自己の完成は未来にあるとして、未来が唯一自身の目標が叶う時であると信じています。つまり、「今」は単に過去と未来を結ぶ色あせた瞬間に格下げされていることになります。自我は未来に自身の完成の姿を夢見て努力をしますが、それは単に過去から未来という線上における自我が計算した努力に過ぎません。

自我は自我の計算に適う理想的な自己像を追い求めます。例えば、「あ〜、もっとお金があれば高級車が買えるのにな〜」、「いずれは大豪邸を建てるぞ！」、「一流企業に就職して、年収は平均以上、理想の人と巡り合って結婚して……」等々です。もちろんこれらの理想が悪いと言っているわけではありません。世人としてはごく当たり前に抱く言わば欲望です。私たち世人は、これらの理想がなかったならば、やる気は起こらないし、そもそも生きている意味を見出すこともできないかもしれません。従って、自我の理想に適う自己像を完成させる努力は大切なことです。そしてそのプロセスにおいては、一切皆苦なり諸行無常なりを味わいます。人はそれにより人間的に成長していきます。その経験が人生における大きな意味であることには違いはありません。

このように人生においては、様々な〈勉強〉をする必要があります。しかしながらここで言いたいことは、たとえ自我の理想像が現実になったとしても、幸せと感じるのはほんの一時であって、すぐに慣れてしまうし、新たな問題も次々と起こってきます。この問題を解決するには「上」の「レベル」へと上昇するしかありません。

レベル3 〈全惑星〉

太陽系には、水星から冥王星までの九つの惑星があります。（もっとも冥王星は現在では準惑星に分類されていますが、後述する西洋占星術の観点から、惑星として扱います。）これらの惑星を総合的に見れば、地球が昼の時にはどこかの惑星が夜となり、地球が夜の時にはどこかの惑星が昼となります。

「レベル3」とは、次の定義に当てはまる人の「レベル」です。

① 自分のやりたいことを達成する
② 自他ともにその実力を認める

世人の皆さん、実質的には、この「レベル」から〈サトリ〉の〈門〉が開きます。ただ〈門〉が開いただけであって、〈サトリ〉への〈道〉は限りなく続きます。宝石に例えれば、原石を見つけた段階です。原石は輝く可能性は秘めていますが、それを宝石としてこの上なく輝かせることができるかどうかは、今後のあり方次第です。

このレベルには人間臭い感はありますが、いいじゃありませんか。私たちは世俗に生きる人間そのものなのですから……。人間臭い部分を無事にクリアしてこそ前進できるのです。

①と②はともに、自己肯定感を高め、〈人格の深化〉へとつながり、次の「レベル」へと進む原動力になります。マズローの「承認の欲求」、および至高体験のない「自己実現の欲求」を満たすレベルと捉えてください。

①「自分のやりたいことを達成する」について

自分が本当にやりたいことに集中している時には雑念がありません。ただ、自動的に完璧にこなすことに集中しています。そして苦がなく楽しんでいます。

このように言うと、世人の皆さんは「そんなこと言ったって、自分のやりたいことは分からないし、人が認めるレベルなんて絶対無理！」などと思われるかもしれませんが、それには様々なレベルがあるので安心してください。

以下に世人の皆さんに達成可能なレベルの例を易しい順にあげます。

世人に達成可能なレベルの例

・仕事が好きで会社に貢献し、重要ポストに抜擢される
・料理が上手で一目置かれる
・手先が器用で、売るレベルの作品を手掛ける
・達筆で周囲の人が舌を巻く
・人の道にはずれていないことなら何でもいいので、人ができないことをやって称賛を得る
・得意な分野で人を助ける
・いつも笑顔で周囲の人を和ませ幸せに導く
・物事を適切に判断し平和的解決に導く

・地域の活性化に貢献する
・社会に貢献する立派な子どもを育て上げる

世人には中程度の到達可能なレベルの例
・政治家になって国を治める
・医者になって人を助ける
・起業して波に乗り社会に貢献する
・専門家＝プロになってその道で貢献する

世人には到達し難いレベルの例
・ノーベル賞を受賞する
・世界的な発見をして地球に貢献する
・オリンピックでメダルを取る
・何らかの分野で世界チャンピオンになる
・ハリウッドスターになって活躍する
・メジャーリーガーとして名をはせる
・世人には到底果たせない夢を果たして人々に力を与える

いかがですか。ポイントは、繰り返しますが、その仕事の最中には雑念に囚われることなく集中でき、苦がなく楽しんでいるということです。従って、このレベルの人は、過去や未来にのみ生きる「レベル1」や「レベル2」の人とは異なり、五感や身体を一つにして〈今〉を生きています。〈今〉においてやるべきことを体験しています。もっともその〈今〉は過去と未来という時空間における断続的な〈今〉になります。

②「自他ともにその実力を認める」について

「自他ともにその実力を認める」という条件を設定しましたが、「別に人から認められなくても、自分さえ満足すればいいんじゃないの？」と思うかもしれません。ともすればここに俗っぽい響きを感じるかもしれませんが、私たち世人はその俗っぽさをあざけるほど清廉潔白なのでしょうか。

若いころは目的に向かって果敢に挑みます。失敗してもやり直すことができるし、周りの援助も期待できます。そして中高年になると人生の成果が現れます。その時人は、自分は何をしてきたのか、自分には何ができるのか、自分の人生とは何だったのかということを自問自答するようになります。その際、自分には何もない、自分は何も残してこなかったと思うことほどつらいことはありません。もう大幅な進路の修正などできないという思いが拍車をかけます。

このように自身の人生を振り返る時、人からの称賛を得たことがあるならば、少なくとも世人としての満足感は得られます。人は多かれ少なかれ誰でも認めてもらいたいものなのです。人から「~さんて、本当にすごいね~」などと言われてうれしくない人はいません。何よりも〝心の栄養〟なのです。

人生の夕暮れ時にあって、もし人生を虚しく思っている人がいるならば、今からでも遅くありません。最高齢プログラマーとして「hinadan」というゲームアプリを開発した若宮正子さんがいらっしゃいますが、若宮さんは何と八十歳を過ぎてからプログラミングを学んだそうです。世界最高齢の現役トライアスリートである稲田弘さんは、アイアンマン世界選手権の年代別で二度優勝されています。稲田さんは七十歳でトライアスロンを始めたそうです。何も高齢者の活躍は日本に限ったことではありません。世界を見れば、卓越した人がいるに違いありません。いずれにせよ、自分が「もうだめだ」と思ったらそこまでです。もっとも人生「七転び八起き」、挫折からのスタートあってこその人生ではないでしょうか。

このように〈深化〉するためには、少なくとも「基本的欲求」の「承認の欲求」を確固たるものにし、「自己実現」を果たす必要があります。これらの欲求を満たさないと不満が潜在化し、前に進みにくくなります。世人としては、とにかく社会や人生に対して悔いを残すことなく思いっきり生きて、このレベルを満たすことです。さもないと人生の末期でこんな〝恨み節〟を吐きかねません。

人生は歩く影だ。あわれな役者だ。
舞台の上を自分の時間だけ、のさばり歩いたり、
じれじれしたりするけれども、やがては人に忘れられてしまう。
愚人の話のように、声と怒りに充ちてはいるが、
何らの意味もないものだ。

（シェイクスピア著『マクベス』五幕五場）

レベル４〈太陽〉

太陽は恒星なので、自ら光を発し、光と影という二元的世界はありません。しかし、地球を含めた惑星を引き連れていますので〝重い〟のです。もしかしたら惑星群を自分から引き離したいと思う時もあるのかもしれません。惑星群の中心である限り、二元的世界からは完全に解放されることはないのかもしれません。

「レベル４」とは、次のことが成就可能な人に相当する「レベル」です。

① 自分の思考を絶えず見張る
② 自分は〈二人〉いることを認識して両者を切り離し、〈ミッション〉への必然性が芽生える

さて、世人の皆さん、ここからが重要なフェーズになります。内容は抽象的になり捉えにくくなりますが、「へ〜、サトリってこういうことなんだ」などと思いながら、興味を絶やすことなく読み進めてください。

「レッスン」が必要になりますが、次章にて解説しますから安心してください。「レベル4」から「レベル5」、そして「レベル6」へとプロセスを経ることにより、〈サトリ〉が純化されていきます。

①「自分の思考を絶えず見張る」については問題ないと思いますが、②については分かりにくいと思います。グルジェフには意識状態として四つありましたが、その第三の自己意識に関わることと捉えてください。

①「自分の思考を絶えず見張る」について

自分の思考を絶えず見張るということですが、〈自我的思考〉を意識することにより自身の思考に気がつき、支配されないということです。詳しくは次章の「レッスン2」として解説します。

②「自分は〈二人〉いることを認識して両者を切り離し、〈ミッション〉への必然性が芽生える」について

①で〈自我的思考〉に気がつきます。すると少なくとも自分は〈二人〉いるということに気づきます。もっとも自分の中には複数の〝自分〟がいることはたやすく分かるかと思います。心のあり方として、例えば、前向きな自分、さっぱりしている自分、ネチネチと後悔してしまう自分、執念深い自分、疑り深い自分、心配性の自分等々です。また、対人関係、例えば、親、先生、兄弟姉妹、先輩、後輩、友人などにより〝自分〟を変えます。「魔が差す」という言葉がありますが、それは自分の中の〝問題児〟が表面化したということになります。

ここでの〈二人〉とは少し違う観点からになります。Xさんを例として取り上げます。Xさんには意識可能な存在が少なくとも〈二人〉います。

まず、〈一人目〉です。〈一人目〉にはさらに⑴と⑵がいます。すなわち、⑴〈自我的思考〉に振り回されているXさんと、⑵管理職なり母親といったアイデンティティー、ペルソナ、社会通念等々で生きているXさんです。一見すると、⑴と⑵は別のもののように思われますが、何かしらに〈自己同一化〉しているという点において共通しています。よって、〈一人目〉を〈自己同一化〉したものとして〈表層のX〉とします。

次に、〈二人目〉です。それは〈本当のX〉、つまり〈恒久的自己〉です。しかしながら、見出すことは容易なことではありません。なぜならば、そもそも〈表層のX〉は〈恒久的自己〉

を支配していて、〈表層のX〉は〝強く〟、〈恒久的自己〉は〝弱い〟からです。〝弱者〟を育てるためには、〝強者〟におとなしくしてもらうか、退いてもらうしかありません。さもないと、自我は〈表層のX〉を成長させることに懸命なので、いつか行き詰まってしまいます。一生〝眠ったまま〟で過ごすことになります。

昨今、有名人の自死が問題になっていますが、実際、中年以降は要注意です。アイデンティティー・クライシスに陥りやすくなり、突破口が見出せなくなります。それを避けるためには、一つの生き方にこだわらないことです。自分の生き方を固守したい気持ちは分かりますが、それに執着してしまうと言わば〝硬い〟人間になってしまいます。すると致命的な挫折に見舞われると再生不可能になるか、大けがをしてしまいます。いかにして柔軟性かつ多面性がある自分を創り上げるかということが人生の終盤にあっての課題になります。

〈表層のX〉と〈恒久的自己〉を切り離す際に、自我が抵抗します。幼少時より、自我は自分を確立しようと懸命に働いてきました。自我の働きがあってこそ私たちは正常かつ安定した社会生活を送ることができるのです。よって、自我が抵抗するのも当然のことなのです。思考やアイデンティティーあっての自我なのですから……。自我はそれらがなくなっては自分の存在を失ってしまうと思っているのです。よって、自我に感謝することも必要です。「自我さん、よくがんばってきたね、今の自分があるのも自我さんのお陰だね」といった労いの言葉をかけてみましょう。

誤解してほしくないのですが、「切り離す」と言っても、何も〈表層のX〉が必要ないと言っているわけではありません。「あなたは誰ですか？」と問われたら、あなたはこう答えるでしょう。「生年月日は～、～在住、会社員で、一軒家に住み、既婚者で、子どもは～人、釣りが趣味で……」。このようなアイデンティティーやペルソナは、健全な社会生活を送る上で不可欠なものであり、これらがなくなってしまったら自分を見失ってしまい、精神に何らかの問題が生じかねません。これらはこの地球で生きる上で不可欠な要素であることは違いありません。従って、もし「〈表層のX〉と〈恒久的自己〉を切り離す」における「切り離す」という言葉に抵抗があるようでしたら、〈表層のX〉に「おとなしくしてもらう」、「一時的にでも黙ってもらう」、「しばらく退いてもらう」といった言葉に置き換えてもかまいません。ここではあくまでも〈自己同一化〉を認識していただきたいということなのです。

最後に、〈表層のX〉と〈恒久的自己〉を切り離して〈ミッション〉へと向かうということですが、よく分からないと思いますので説明をします。

実際、〈表層のX〉と〈恒久的自己〉とを切り離すことはたやすいことではありません。よって、単純に、〈表層のX〉、すなわち〈自己同一化〉を認識すると捉えていただいて構いません。一時的にでも認識ができたということは、〈恒久的自己〉がチラチラと顔を出したということになります。同時に、内部と外部、自己と他者という境界は曖昧になるという感じもするかもしれません。

この「レベル」では、〈今〉に生きていますが、時間と空間もいまだ自覚していることから断続的な〈今〉になります。「レベル3」の断続的な〈今〉との違いは、このレベルにおいては、自身から進んで〈今〉にあろうとする点が異なります。この断続的な〈今〉にあっては、死を回避しようと未来を切望します。言い換えれば、〈意志〉が生じます。その〈意志〉の下、未来においてなるべきものになろう、すなわち〈ミッション〉への必然性が芽生えます。

尚、〈ミッション〉の見出し方については「レベル5」で扱います。〈表層のX〉と〈恒久的自己〉の切り離し方については、次章の「レッスン3」にて解説します。

レベル5 〈全太陽〉

「レベル5」とは、次のことが成就可能な人に相当する「レベル」です。

> ① 自分を普遍化する
> ② ホロスコープの基本的な知識から〈ミッション〉のヒントを見出し、果たす

世人の皆さん、だんだんと複雑になってきましたね。何を言っているのか分からないと思わ

れるかもしれませんが、もう一息です。〈サトリ〉を得るためには、世人の思考範囲では不可能です。通常ではないことを開拓する必要があります。引き続き、焦らず新奇な気持ちで読み進めてください。

①と②はともにユングの「普遍的無意識」と「自己実現」に関わることです。ユングの「自己実現」は「レベル3」で述べた自己実現とは異なりますので、誤解を避けるために「人格の統合」とします。

①「自分を普遍化する」について

「レベル4」で〈表層のX〉と〈恒久的自己〉を切り離しました。すると「自分が無くなってしまった。これから自分はどこへ向かえばいいのだろうか、何を目標にすればいいのだろうか」といった疑問や不安がよぎるかもしれません。もっともこれは一時的な状態なので安心してください。覚醒しつつあるということです。その穴埋め的要素としては、自分を普遍化するということになります。

普遍化するとは、人にはそれぞれ〝くせ〟というものがありますが、個々のそれらを取り除き、人類に共通する部分、普遍的無意識で生きるということを意味します。前述したように、普遍的無意識とはユングが提唱する概念です。

ユングは人間の無意識を個人的無意識と普遍的無意識に分けました。後者には人類の深層部分には共通の普遍性があるとし、そこにアーキタイプ〈元型〉の存在を提唱しました。すなわち、シャドウ、アニマ、アニムス、グレート・マザー、ワイズ・オールド・マンなどです。

この「レベル」になると内部と外部、自己と他者という境界は曖昧になります。なぜなら普遍的無意識で生きるということは、個人という枠を超えて生きるということになるからです。

普遍化する理由について

それではなぜ普遍化する必要があるのでしょうか。理由は以下の通りです。

・自分を普遍化してしまえば、自分を客観的に見ることができるので、〈表層のX〉を切り離しやすくなります。
・自分を普遍化し、自分を客観的に見ることにより、いにしえから人間にまつわる苦悩、いわゆる煩悩を超越することができるようになります。必然的に〈自我的思考〉にも振り回されにくくなります。
・普遍化により、自分とは単なる人類における一人の人間に過ぎず、特別でも何者でもない存在として認識することができるようになります。
・アーキタイプを活性化させることにより、偏りがなくなり、人として成熟して完成へと向かうことができるようになります。

この世は、諸行無常、一切皆苦なのです。苦に充ちた不条理なこの世では思い通りにはいきません。そんな世を生き抜くには柔軟性のある自分を創り上げるしかありません。

普遍化する方法について

現実的には、アーキタイプを私たち世人に適用することはかなり難しく、専門家の手助けが必要になります。従って、私たち世人でも簡単に自分を見出すことができるアーキタイプを探し出す必要があります。

本書としては、太陽系の惑星に基づき自分を普遍化する方法を提案します。具体的には、西洋占星術で使われるホロスコープにある惑星のイメージを〈生きる〉ということになります。ホロスコープとはその人が生まれた瞬間の太陽系の惑星の配置を図にしたものであり、バースチャート／ネイタルチャート（出生図）とも呼ばれています。もっともホロスコープを提示することに躊躇がないわけではありません。ホロスコープに不安定な要素を感じる人がいると想定されるからです。それでもあえて提示する理由は後述します。

惑星のイメージを〈生きる〉と言われても、現実離れしていてよく分からないと思いますが、そもそも惑星は単に太陽系内に存在する物体ではないということが前提にあります。惑星のエネルギーというものをはるか彼方からやってくる外的なパワーというよりは、心理的なエネルギーとして認識してください。

ホロスコープに示される惑星のイメージには、普遍的無意識としてのアーキタイプを見出すことができます。私たちは知らず知らずのうちにそのエネルギーを受け、突き動かされているのです。従って、これらは「人格の統合」にもつながるのです。

②「ホロスコープの基本的な知識から〈ミッション〉のヒントを見出し、果たす」について

人にはこの地球に生まれてきた限りは誰にでも〈ミッション〉があります。容易に見出す人もいるのかもしれませんが、通常は、簡単には分かりません。人によっては人生の後半で分かる人もいれば、一生模索し続ける人もいます。〈ミッション〉は人それぞれです。実際、今生は模索自体が〈ミッション〉という人もいるでしょう。些細と思われることが〈ミッション〉という人もいれば、人類の救済が〈ミッション〉という人もいることでしょう。いずれにせよ、自身の生存意義に関わることなので、「宝くじに当たって一生楽して暮らした～い」といった私利私欲を満足させることではありません。

〈ミッション〉を見出し、果たさない限り、「何のために生まれてきたのだろう」という根本的な疑問は末期まで続き、悶々としてこの世を去ることになります。

〈ミッション〉のヒントを見出す方法について

現時点では、私たち世人は〈ミッション〉の必然性が芽生えたという段階であって、〈ミッション〉への方向性はおぼろげな状態です。

根本的な問いとして、そもそも私たち世人は自分自身のことが分かっているのでしょうか。自分のことが分かっていると言い切る人がいるとすると、それは限られた側面しか見ていない可能性があります。そもそも人は自分が認めたくない性行があるということを認識する必要があります。シェイクスピアの『リア王』では、リア王は「だれでもいいから教えてほしい、わしは一体誰なんだ?」と道化に問います。すると道化は「リアの影法師さ」と答えます（シェイクスピア著『リア王』一幕四場）。「経営の神様」という異名を持つ松下幸之助氏ですら、「敵を知ることもむつかしいけれども、己を知るということは、もっとむつかしい。しかし敵を知らなければ、勝負は定まらないとしても、己を知らなかったら、戦いには必ず敗れる」と仰っているのです（松下幸之助著『道をひらく』）。

それでは自分を知る手段など果たしてあるものなのでしょうか。それこそ様々な〝自分〟が入れ代わり立ち代わり出入りしているのです。自身の〈本質〉などそれらに隠れて容易には見えてこないのです。人に聞いてもその人のフィルターを通しての意見ですから、断片的になります。もっとも相手により悪意がある場合が多々あるので要注意です。人はあまり当てにしない方がいいでしょう。

それでも何とかしてヒントになるものはないかと思案したあげく、西洋占星術に使われるホロスコープの分析を提示することにします。普遍化にもホロスコープを提示したのは前述した通りです。要するに、ホロスコープを活用すれば、このレベルを習得しやすくなるということです。

補足として、なぜ「基本的」とあえて記すかは、そもそも本書は西洋占星術の解説書ではないということです。たとえ詳細を解説したとしても占星術は奥が深いので、初心者は混乱してしまいます。また、筆者自身、占星術の専門家ではないということもあります。もっと深く知りたいということであれば、専門書をお読みください。

ともあれ、世人の皆さんの直観や経験が大事であって、占星術はその補助的役割になると考えます。占星術ではなく、他の側面から〈ミッション〉について知りたい方は、諸富祥彦著『あなたがこの世に生まれてきた意味』などがお勧めです。

ホロスコープについて

ホロスコープについては長くなりますので、ここでは概略のみとし、具体的には、次章の「レッスン4」として解説します。

占星術は、紀元前二〇〇〇年のバビロニアに遡り、その知識は緻密に体系化されています。決して霊能力の類ではありません。占星術で使われるホロスコープには人が生まれた瞬間の惑星の位置やサインなどがすべて黄道という平面に投影されています。その惑星の配置により、自分の心の動きを読み取ることができるのです。

すると皆さんの中には「それじゃ占いじゃない！　単なる星占いじゃないの⁉」などと一笑に付す方もいることでしょう。このようなことが想定されることからホロスコープを提示することに躊躇があったのです。分かっていただきたいのは、ホロスコープをリーディングすることは、星占いなどとは似て非なるものだということです。星占いは太陽星座だけを基準に読んでいるだけであって、10個ある惑星の9個は無視しています。（月、太陽、冥王星は惑星として扱います。）従って、「当たらない！」と言われても当然なのです。実際私自身も、ホロスコープを知るまでは星占いなど当たらないと思っていたのですから……。

それでもあえて取り上げるのは、ホロスコープを基本に沿ってリーディングすることができれば、十分信頼に足るものであるということが分かっているからです。私自身がホロスコープにより、「自分という人間が分かった」という経緯があります。ホロスコープをリーディングすることで、長年の疑問や悩みがスルスルと解決したのです。今でも、「なぜなんだろう？」と疑問が生じると、ホロスコープを見て納得します。

ホロスコープの知識がない人がいることは十分承知しています。従って、本書では、ホロスコープを詳しくリーディングするわけではありませんので、心配は無用です。皆さんにやっていただくことは、自分のホロスコープを作成していただき、本書が提示する読み方でチャートを読み解き、自身の〈ミッション〉のヒントを見出すということです。ワクワクして待っていてください。

レベル6〈全宇宙〉

全宇宙を把握することはもはや不可能です。すべては大宇宙に飲み込まれています。すべては一つになります。

「レベル6」とは、次のことが成就可能な人に相当する「レベル」です。

> ①〈今〉に生きる
> ②すべては一つ、一つはすべてである

世人の皆さん、ついに究極の〈サトリ〉のレベルに来ました。よくぞここまでがんばってこられました。「相変わらず何を言っているのかさっぱり分からないんですけど……」と思われているかもしれませんが、無理からぬことです。しかし、この「レベル」へと一時的にでも上昇できれば、お釈迦さまの世界の一部を垣間見るということになるのです。さあ、世人の皆さん、ワクワクしながら進みましょう。

①「〈今〉に生きる」とは、グルジェフの意識状態で言えば、第四の客観意識に相当します。

②「すべてが一つ、一つはすべてである」については、マズローの高原経験の言説と類似のものとします。

①「〈今〉に生きる」について

「今、今って言っているけど、瞬間の今とどう違うの？」という疑問が消えないことでしょう。確かに今までに何回も〈今〉と言ってきましたからね。困惑していることが十分推測されます。

この〈今〉はなかなか難しいのですが、分かりやすく〈今〉について説明します。

「今」という瞬間を理解できない人はいませんよね。世人にとっての「今」とは、時間という流れにおいて、過去から現在そして未来へと時は流れていて、「今」とは過去から未来というその中間のほんの一瞬のこととして理解されています。するとその「今」は過去と未来の単に〝橋渡し〟に過ぎなくなります。実際、『広辞苑』にも、「過去と未来との境である瞬間」と記されています。よって、その一般的な解釈は妥当なものです。しかし、過去や未来は幻想と言ったら驚きますか。

「過去・未来は幻想」について

「過去は幻想」と言われたら、世人の皆さんには納得していただけるかもしれません。なぜなら過去のあなたの体験は想像の中にのみ存在し、教訓にこそなれ、現実的に取り戻すことも変えることもできないからです。そして過去が幻想ならば、未来もまた幻想なのです。

それではまず、偉人の言葉を借りることとしましょう（以下の四つの引用は『解説 世界の名言名文句事典』より）。

われわれはつねに現在にいたためしがない。くるのがとても待ち遠しくて、その歩みを早めさせようとするかのように未来を待ちこがれているか、あるいはあまりすみやかにすぎ去るので、その歩みを引きとめておこうとするかのように、過去を呼び返している
――パスカル『パンセ』

人間は現在がすこぶる価値のあることを知らない。……ただなんとなく未来のよりよい日を願望し、いたずらに過去と連れ立って嬌態を演じている――ゲーテ『格言と反省』

未来とは今である――ミード『文化と投企』

〈明日は、明日こそは〉と、ひとはそれを慰める。この〈明日〉が彼を墓場に送り込むその日まで——ツルゲーネフ『散文詩』

過去と未来は存在するにあらず、存在したものなり、現在のみが存在す——クリュシッポス『断片』

いかがでしょうか。「偉い人がそう言っているんだからそうでしょうけど、よく分からない……」という声が聞こえてきましたよ。以下に解説します。

「目標を達成する・夢を叶える」について

子どもや若者といった人生の前半にいる人たちは、自身が掲げた目標や夢に向かってがむしゃらに進みます。この姿は人生においては望ましいものには違いありません。そして目標なり夢なりが叶ったとします。するとこの上ない達成感や充実感を味わいます。このように人は未来に成功を描き、未来に期待をしています。その成功のためには現在の苦しい境遇など耐えられると思っています。これが多くの世人が抱く未来像です。

しかし、いかなる目標であれ、それを達成した人であるならば、その喜びは一時的に過ぎないということが分かっていただけるかと思います。再び偉人の言葉に耳を傾けてみましょう。

やっと想いをとげたとなると、戦争とか、死とか、病気とか、きっとそんな邪魔がはいる［中略］すばらしいものは、すべてつかのまの命、たちまち滅び去る。

（シェイクスピア著『夏の夜の夢』一幕一場。［ ］は筆者の挿入）

一つの峠を越えてホッと息をついたら、また次に峠が控えていて、その峠を越えると、やっぱり次にまた峠がつづいていて、だからとめどもなく峠がつづいていて、果てしもない旅路である。これもまた人生の一つの真実である。

（松下幸之助著『道をひらく』）

あの松下幸之助氏でさえ「果てしもない旅路」を歩まれたのです。私たち世人は言うまでもありません。要するに、人生の究極の意味、本質は、目標の達成や夢の実現にあるわけではないということです。目標なり夢を叶えても達成感や充実感は一時的であって、次から次へと新たな問題が発生します。もっともこれはこの地球上の言わば〝法則〟を言っているのであって、そのプロセスは人間の成長には不可欠なものには違いないということを明言しておきます。言い換えれば、目標の達成や夢の実現は究極的な意味を知るためにあると言っていいかもしれません。それでは私たち世人はどうすればいいのでしょうか。

「永遠の〈今〉」について

人の意識は、過去↓現在↓未来という流れにあり、いつか未来に到着すると思っています。また、過去に生きているような人の場合、現在↓過去という図式もあり得ます。いずれにせよ、過去も未来も幻想であるとは前述した通りです。あなたの頭の中で生じている単なる思考に過ぎません。それでは永遠の〈今〉について説明します。

あなたは「今」、この文章を読んでいます。「今」、電車に乗っています。「今」、友人と話しています。いつも〈今〉なのが分かりますか。未来と過去の中間という意味ではありません。過去は単に、本を読んだ、電車に乗った、友人と話したという体験を思い起こしているに過ぎません。例えば、過去の苦しい体験が何度も何度も蘇って今のあなたを苦しめているとします。それはその時の体験をあなたがそのように判断したということです。しかしながら、頭では分かっても人間は思考を簡単にコントロールすることはできません。よって、蘇る苦しい体験に対し、その体験を上書きして書き換えてしまうか、納得できる解決策を導き出し、それを行動に移すかして前に進む必要があります。そうでなければさっさと忘れることです。未来について何らかの懸念があるならば、理性的にそれを払拭し、前向きな想像に置き換えましょう。なぜ自分で自分の首を絞めるのでしょうか。「想像は創造」ということを忘れないようにしましょう。〈思考のコントロール等については前著『生きたまま生まれ変わる』に記してありますので、そちらをご覧ください。）

それでは「時間」とは何なのという疑問が生じますが、それは過去から未来という時の流れを線的に捉えた「線的時間」と考えます。私たち世人はあまりに「線的時間」が当たり前になってしまっているのです。もちろん世人としては「線的時間」に従っていないと社会生活はできませんので、それが悪いわけでも何でもありません。ただ、「線的時間」は人間が必要に迫られて創り出した幻想であって、本質的には〈今〉しかないのです。言い換えれば、「いつも〈今〉」、「永遠に〈今〉」、「未来は〈今〉」、「過去は〈今〉」、「〈今〉しかない」になります。

もっとも「〈今〉しかない」と言っても、テレビコマーシャルでお馴染みになった林修先生の決め台詞「今でしょ！」とは違います。その「今」とは過去と未来を前提にしています。つまり、「今、行動に移しなさいよ。さもないとチャンスを逃しますよ！　後悔してしまいますよ！」というメッセージですから、一般理解の「今」になります。

もしかしたら、あなたは「だって今日は六月一日で、明日は二日ですよね。生きている限り明日という未来は来るじゃないですか！」と言うかもしれません。確かにそうです。しかし、それは「線的時間」に過ぎないのです。その未来であっても〈今〉において体験するんです。過去も未来も〈今〉に織り込まれているのです。

永遠の〈今〉において、〈今〉で計画を立て、〈今〉で練習や修行をして、〈今〉で達成するのです。体験は〈今〉でしかできないのです。この貴重な〈今〉において、過去を悔やんだり、未来を必要以上に懸念するなんてもったいないと思いませんか。〈今〉に感謝し楽しみながら精一杯生きましょう。それが〈深化〉につながります。あのスティーブ・ジョブスが愛読したという『禅マインド ビギナーズ・マインド』の著者である鈴木俊隆氏もこのように仰っています。「何事を行う時も、同じ、深い働きでなければなりません。自分が、今、行っていることに感謝すべきなのです。今、行っていること、それはほかのことに対する準備ではありません」（鈴木俊隆著『禅マインド ビギナーズ・マインド』）。

永遠に〈今〉ということは、始まりも終わりもないということです。人間は生まれてから死ぬまでずっと〈今〉にいます。結局、誕生と死は同じことで〈今〉に織り込まれているのです。

〈今〉に生きる意味について

〈今〉を生きれば、過去や未来のことを受動的に考えなくなります。〈自我的思考〉に支配されなくなります。純粋に〈今〉を体験することができます。ただ今現在、見ていること、聴いていること、食べていること、笑っていることを体験するのです。鳥のさえずり、花の香り、木々の緑が新鮮なことでしょう。

〈今〉に生きるということは〈恒久的自己〉として生きることであり、〈大宇宙〉とつながることができます。そして〈ミッション〉を果たします。これが〈サトリ〉なのです。〈サトリ〉を得ると煩悩を超越することができるということはこういうことなのです。

〈今〉にある時間が長くなればなるほど、人格が〈深化〉し、純化された奥深い〈サトリ〉になっていきます。すると、②「すべては一つ、一つはすべてである」という新たなる世界の扉が開きます。

尚、〈恒久的自己〉については、次章の「レッスン5」として、〈今〉の習得法については、「レッスン6」として解説します

②「すべては一つ、一つはすべてである」について

〈今〉に生きるということは、非二元的意識に他なりません。つまり、そこには過去や未来、自分と他人という隔たりがないということです。

マズローの高原経験を振り返ります。高原経験を再掲します。高原経験において、「人間が終局的な目的、神、完全性、本質（生成よりむしろ）、存在、神聖、神性」になることができます。このようなB認識あるいは高原認識においては、「人は完全になるか、あるいは自分自身を完全なものとして見ることができる」ということになります（『人間性の最高価値』）。さらに高原認識を具体的に見てみましょう。

たとえば、その瞬間私は、すべてを愛し、受け入れ、許し、私を傷つける悪さえも、これをとがめようとしないでいることができる。私は、事態をありのままに理解し、そして、

よろこびを感じることができる。さらに、私はそのとき、ただ、神々に属するものとされる主観的感情、つまり、全知、全能、普遍性（つまり、ある意味では、人はその瞬間に、神、賢人、聖人、神秘主義者になれるのである。）を感じることができるのである。

（前掲書）

ここで「全知、全能、普遍性」という「神々に属するものとされる主観的感情」を感じていることが分かります。要するに、人間性の一部には「超人間性」として「神」の属性を認めることができるということであり、究極的には、人間は「神」の一部として認めても矛盾はないことになります。

さらに、「神」はどのようにこの地球上において現れるのか見てみましょう。

あなたは、わたしを知っている。それでいい。それが、わたしだ。
わたしは、あなたの髪をゆする風。あなたの身体を温める太陽。あなたの顔に踊る雨。空中にただよう花の香り。香りをまき散らす花。香りを運ぶ空気。
わたしは、あなたの最初の考えのはじまり。最後の考えの終わり。最も輝かしい瞬間にひらめくアイデア。満たされる栄光。最も愛情ある行いの動機となる感情。その感情をくり返し感じたいと願う、あなたの憧憬だ。

（ニール・ドナルド・ウォルシュ著『神との対話②』）

そして「神」は私たち人間をどのように見ているのでしょうか。

わたしはあなたから離れない。離れることはできない。あなたはわたしの創造物、作品、娘であり息子、わたしの目的であり、そして、わたしの……、自己だから。

だから、いつでもどこでも、神の平安から切り放されたら、わたしを呼びなさい。

わたしはそこにいるだろう。

真実と

光と

愛とをたずさえて。

（ニール・ドナルド・ウォルシュ著『神との対話』）

「神」のメッセージとはいかなるものなのでしょうか。

人びとの前で明るく光り、その光で闇のなかにいるひとたちを照らしなさい。そうすれば、みんながほんとうの自分を悟るだろう。［中略］
いちばん深い闇にいるひとにも、その人自身をとり戻してやりなさい。いや、そういうひとにこそ、とり戻してやりなさい。
世界はあなたを待っている。世界を癒しなさい。いま、あなたのいる場所で。
（ニール・ドナルド・ウォルシュ著『神との対話③』。［］は筆者の挿入）

どうやら「神」、本書では〈大宇宙〉ですが、〈大宇宙〉と私たち人間を含めたすべてのものとは一つであることの信憑性は確固たるものとして認識する段階に来ました。
もっともすべてが一つという考え方は特別なものでも何でもなく、普遍的事実なのです。『古事記』の冒頭には、「そのとき天と地はいまだ分かれず、まじり合っている状態が無限に広がっていた。やがて天と地が分かれたとき、天のとても高いところ、高天原と呼ばれる天上界に、次々と神が立ち現れた」（由良弥生著『眠れないほど面白い「古事記」』）、また、『聖書』の「創世記」には、「はじめに、神は天と地とを創造された。地は形なく、むなしく、やみが淵のおもてにあり、神の霊が水のおもてをおおっていた」と記されています。

〈恒久的自己〉から見る世界について

〈恒久的自己〉の心境とはいかなるものなのでしょうか。鈴木大拙氏の言葉を借ります。

この二元の消滅が「無為」であり、「空」である。［中略］心が「無為」に到ったという時、それは、心が「絶対空」の状態に入ったということ、一切の条件制約からまったく自由であるということ、「超越者」であることを意味する。言いかえれば、心は、いまや生と死とを超え、自己と非自己とを超え、善と悪とを超えて、その究極の実体を得るのである。

（鈴木大拙著『禅』。［］は筆者の挿入）

「一切の条件制約からまったく自由」、「超越者」とは私たち世人が目指す〈サトリ〉です。私たち世人も〈サトリ〉を純化させていきましょう。

さらに〈恒久的自己〉から世界を見ると、どのように映るのでしょうか。ユングが『慧命経』において取り上げた詞を取り上げます。

一片の光輝、法界を周り
雙に忘れて、寂たり浄たり、最も霊にして、虚なり。
虚空は天心の耀きに朗けく徹り

海水は澄みて、清く潭に月溶く。
雲、碧空に散じ
山色、浄らなり。
慧は禅定に帰して
月輪、弧たり。

（訳）
一つの光の耀きが精神の世界をつつむ
人は互いに忘れる、静かに、そして純粋に、力強く、そして虚しく。
空は天上の心の輝きに照らし出され
海の水はなめらかに、その面に月を映す。
雲は青空へ消え
山々は明るく輝く。
意識は観照の中に溶け去り、
月輪はひとり安らっている。

（C・G・ユング／R・ヴィルヘルム著『黄金の華の秘密』。傍点はママ）

作者は目の前の光景に同一化することなく、外的内的錯覚から解放されています。つまり、

「意識は空っぽであるとともに充実」しています（前掲書）。しかしながら、これらの描写は美しくもあり豊かでもあります。ただ、作者は自然をそのまま観照しているだけなのです。これが〈恒久的自己〉から見た〈サトリ〉の世界なのです。

互いに依存する世界について

さて、もう一つ触れておくことがあります。この前掲の詞の世界を拡大してみましょう。空、海、雲、空、山、月を描写していますが、それらは互いに関連し依存しています。何をとっても単独で存在しているものはありません。

もっと身近なものを取り上げてみましょう。今、私の目の前には様々な物が見えます。ＰＣ、机、本、辞書、時計、カレンダー、窓の外の家並みや木々や空などなどです。それらは相互に依存しあっています。何一つ単独で存在していません。単独で存在することなどできません。

このことは何を意味しているのでしょうか。「世界は、あらゆる種類の特徴や概観や線を含んでいるが、それらはすべて一つの縫い目のない場に織り込まれている」（ケン・ウィルバー著『無境界』）のであり、「宇宙には、ばらばらに存在するものは何もない。すべては本質的に結びつき、依存しあい、からみあって生命の布を織りなしている」（ニール・ドナルド・ウォルシュ著『神との対話②』）ということになります。

私たち世人は、自己と非自己という二元的対立が私たちの世界であると思っています。この皮一枚隔てて互いに分離していると思っています。しかし、私たちは地球に依存し、単独で存在しているわけではありません。さらに俯瞰して巨視的な視線で地球を眺めれば、「すべて一つの縫い目のない場に織り込まれている」ということになります。要するに、すべては一つなのです。一つはすべてなのです。

「『すべては一つ、一つはすべて』を〈目に見えない世界〉から探る」について

「すべては本質的に結びつき、依存しあい、からみあって生命の布を織りなしている」という世界を〈目に見えない世界〉から解明してみましょう。

仏教ではよく「空」と言いますが、仏教で言う「空」とはいかなるものなのでしょうか。中村元氏によれば、「空」とはサンスクリット語の「シューニャ」であり、「うつろである」、「欠如している」、「空間」という名詞として使われ、インドではゼロ（零）を意味するそうです（『ブッダ伝』）。

『般若心経』には「色即是空　空即是色」と記されていることはあまりに有名です。「色即是空　空即是色」を解釈してみましょう。

人間は、五蘊（色、受、想、行、識）、すなわち、肉体、感覚、表象、意思、意識の五つで構成されています。「空」とは実体がないこと、「色」とは肉体です。つまり、その意味は「肉体、すなわちそれは実体がなく、実体がない、すなわちそれは肉体」ということになります。さらに、「受」(感覚)、「想」(表象)、「行」(意思)、「識」(意識)も実体がないことになります。つまり、人間の存在に関わるすべてに実体がないのです。

「色即是空　空即是色」と量子物理学の関係について考えてみましょう。私たちは肉体も物質も固体であると思っています。しかしそれは幻想に過ぎません。すべての物質は原子が様々な形で結びついた原子の集合体です。分子とは、原子が二個以上結合してできた原子の塊です。原子の真ん中には正の電荷を帯びた原子核があります。その周りには負の電荷を帯びた電子が回っていますが、正確には電子が存在する可能性がある場所として示される電子雲として認識すべきです。

原子核は陽子と中性子で構成されています。陽子と中性子はもっと小さなクォークという粒子に分解できますが、それは素粒子の一種です。電子も素粒子です。素粒子とはそれ以上分割できない粒子のことです。電子などの素粒子の大きさはゼロ、もしくは最大でも陽子の一万分の一程度、すなわち、一ミリメートルの一兆分の一のさらに一万分の一(一〇のマイナス一九乗メートル程度)未満になります。ミクロの世界は実感が湧かないので分かりやすく例えると、原子(一〇〇〇万分の一ミリメートル程度)を地球の大きさ(直径約一万三〇〇〇キロメートル)にすると、原子核(一兆分の一ミリメートル程度)はおよそ野球場に相当し、素粒子は最大でもおよそ野球ボールに相当することになります(大きさについては、『Newton ライト 素粒子のきほん』を参照)。

電子雲ですが、雲には濃淡があり、濃いところほど電子がいる確率が高くなり、薄いところほどその確率は低くなります。原子核から遠ざかるほど淡くなっていきます。要するに、電子の場所は確率でしか表せないということになります。

ハイゼンベルクは「不確定性原理」を唱えました。「不確定性原理」とは、電子の位置を正確に測定すると、その時の運動量が分からなくなり、電子の運動量を正確に測定すると、その時の位置が測定できなくなるというものです。従って、未来における電子の位置は正確には測定できないということになります。

以上から分かったことは、原子の内部はスカスカということです。素粒子は超ミクロなので、実質的には、波動に過ぎません。要するに、原子内部は「空っぽ」なのです。まさに仏教で言う「空」の世界なのです。さらに、素粒子は測定可能な実体ではありません。つまり、本質的には境界がないことになります。すべてのものとつながっているのです。仏教者が紀元前後にもうすでにこの真理を道破していたことに感銘を受けます。〈真実〉を知るとはこういうことなのでしょう。

尚、量子論については、前著『生きたまま生まれ変わる』に詳しく解説してありますので、そちらを参照してください。

私たち世人であってもこの「レベル６」を体験することは可能です。しかし、定着することは容易なことではありません。なぜなら私たち世人は〈自我的思考〉に囚われやすいからです。もっとも根本的な意識として、私たち世人がこの時空間に生きる限り、皮一枚隔てて互いが分離しているという感覚が簡単には消えないということもあります。

しかし、この世での面倒な問題は、自身が真摯に取り組み、腐ることなく解決をしてきたならば、いつかは俗世のごたごたからは解放されるようになります。それはまるで巨大迷路から抜け出たような感覚であると言っていいかもしれません。そこには解放感や安心感、さらには穏やかさや静けさがあります。そのような中、あなたは自信をもって〈サトリ〉へと進むことができるでしょう。

第三章 〈サトリ〉に至る「レッスン」について

前章において、〈サトリ〉の「レベル」について考察しました。本章では、いかにして効果的に〈サトリ〉を得るのかということについて「レッスン」をします。その際、実行しやすいように、極力ポイントを絞って進めていきます。

レッスン1　他人に〈影響〉されない（「レベル1」の対処法）

人は、良い意味でも悪い意味でも人から何らかの影響を受けるものですが、ここでいう〈影響〉とは、不快、悪いなどといった偏見を感知した場合ということです。例えば、メジャーリーガーの大谷翔平選手に子どもたちがあこがれて、自分の能力を伸ばす努力をするといった結果を生み出す影響は、対象外になることは言うまでもありません。

自分自身の成長につながる感化であればいいのですが、最も問題になるのが、「何かあの人って子どもっぽいよね～」、「うちの課の上司って、陰険なんだから……」、「あの人ってほんと～、性格悪いよね～」といった自分と異なる人は悪いといった偏見です。このような場合、自分の中に抑え込んでしまったシャドウなりコンプレックスを見ていることになるので、自分の否定的な性格を相手に投影していることになります。本質的に、自分がそのような部分をもっているので、他人にそれを見出しているということです。要するに、〈影響〉を受けたのです。自分がそのような要素をもっていなければ何も感じません。このような不快や偏見を感じるということはあまりに日常茶飯事のことなので、気がつかないだけで誰にでもあることです。

さて、このような場合、ある意味チャンスです。自己が自分自身を完成させようと無意識から意識化させていると考えられるからです。それではどのようにしたらいいのでしょうか。簡単です。

例えば、（前章の）実例2のプロレスラーBの例です。この場合、Bが「この憎しみは自分で自分を苦しめているだけだ、Aをやっつけたいというのは自分の欲求に過ぎない」と、その情動を自分のものとして責任をもてば事件は起きなかったということです。

このように人から何らかの〈影響〉を受けたら、それは自分を相手に投影しているだけなんだと軽く流してください。相手に不快を感じたその側面を自分ももっているだけなんだと捉えるのです。ただ「あ～、自分にもあんな面があるんだ」と認め、笑って手放すだけでいいのです。早く対処してしまった方が潜在意識に送られないで済みます。さもなければ自分を苦しめるためにエネルギーを使ってしまうことになります。限られた一日のエネルギーを前進するために使いましょう。

キーフレーズ

（人から何らかの〈影響〉を受けたら）

な～んだ、私は自分を相手に投影しただけなんだ。

自分にもあんな面があるんだ。ただそれだけなんだ。

レッスン２　自分の思考を絶えず見張る（「レベル４」①の習得法）

「レッスン2」では、「レベル4」で解説した①「自分の思考を絶えず見張る」について習得します。

まず、数分でいいので、静かに自分の思考をよく観察してください。

「昔いじめられていた、くやしい～」、「付き合っていたあの子どうしてるかな～」、「あの時、上司、何で怒っていたんだろ？」、「来週のプレゼンが失敗するような気がする、どうしよう……」、「もう、二十代半ばだけど、彼氏／彼女できるのかな～」などと、不快だったこと、恥ずかしかったこと、喧嘩したこと、憎らしい人のこと、心配なことなどいろいろなことが頭をよぎりませんでしたか。あることないことネチネチと考えていませんでしたか。過去や未来のマイナスのことではありませんでしたか。それは〈自我的思考〉です。

それに気がついたら、判別してください。判別とは、その思考が自分にとって必要か不必要か／有益か有害なのかということです。

必要でない場合とは、言うまでもなく〈自我的思考〉です。自覚したら、〈今〉に意識をもっていくようにしてください。

必要な場合とは、仕事関係や日々の生活に必要な思考は言うまでもありませんが、意外と見逃しがちなのが、ある程度内部の感情を昇華させないと、前に進めないような思考です。例えば、試験に落ちた、彼氏／彼女に振られた、そして愛する人が亡くなったなどなどです。もちろんこれらには本人に与える苦悩の差はありますが、いずれにせよ、感情を押し殺し、内部にためてしまうと臓器などに蓄積されてしまいます。時間がかかる場合もあるでしょうが、情念を思う存分放出してください。そうしたらくよくよしないことです。いつまでも考えたところで百害あって一利なしです。思考を切り替える努力も必要です。自分がストレスを発散できる前向きな方法を考えておくことです。

もっとも人間そうたやすく思考をコントロールできるものではありません。それだからこそ人間とも言えるのです。思考のコントロールについては、「レッスン3」では「自己想起」を、「レッスン4」では自分を客観視、普遍化する方法を提案します。もちろんそれ以外の方法もあります。それについては本書の目的ではありませんので、詳細は前著『生きたまま生まれ変わる』をご参照ください。

キーフレーズ

あっ！　今、ネチネチ考えていた。あぶない、あぶない、このままでは暴走するところだった。今に集中しよう!!

レッスン3 「自己想起」をする（「レベル4」②の習得法）

「レッスン3」では、「レベル4」で解説した②「自分は〈二人〉いることを認識して両者を切り離し、〈ミッション〉への必然性が芽生える」について習得します。

「自分は〈二人〉いることを認識して両者を切り離す」とは次のようなことです。

「自分が今苦しい／悲しい／怒っているのは、単に〈表層のX〉が思っているだけであって、〈恒久的自己〉は何とも思っていない」

「自分のアイデンティティーとは、〈表層のX〉が自己同一化した結果に過ぎない。本当は〈表層のX〉などは存在していないんだ。〈恒久的自己〉とアイデンティティーとは関係ないんだ」

しかしながら、〈表層のX〉と〈恒久的自己〉を切り離すといっても、簡単にはできるものではありません。そのためのレッスンとして「自己想起」を取り上げます。「自己想起」についてはグルジェフを参考にします。「自己想起」とは、「自己を想起する」、「自己を観察する」ということです。

グルジェフによる意識状態によれば、第三の意識状態が自己意識でした。第一と第二という通常の状態においては、第四の客観意識（本書では〈恒久的自己〉）を感じることはできません。〈自己同一化〉をしているからです。自己意識は自己想起により得られ、客観意識へと至ることができます。

ウスペンスキーの言葉を借りれば、「自己観察は自己変革の道具であり、覚醒への手段であることを理解しはじめるのだ。自己を観察することによって、それまで完全な暗闇の中で進んでいた内的プロセスにいわば光を投げかける。［中略］いまや彼は自分自身を見はじめなければならなくなる」ということになります（P・D・ウスペンスキー著『奇蹟を求めて』。［］は筆者の挿入）。

自己想起の具体的な方法について

他人が自分を見るように、自分を観察します。

例えば、あなたは買い物をしています。「え〜っと、玉ねぎはどこだっけ、あったあった！」、「牛乳も買わないとね……、あとお肉もね……」などとスーパーを歩き回っています。その様子を写真で撮っているかの如く、他人の目で自分の様子を想像します。

これができたら少しだけ難しくします。自分の全体を総体的に見ます。つまり、ある瞬間の自分のすべて、すなわち、感情、思考、動作、顔の表情、声のトーンなどを映した写真を想像します。例えば、仕事中、デート中、子どもを叱っている時、上司にほめられている時、彼氏／彼女に振られて泣いている時、買い物中、睡眠中、食事中などの様子を想像の中で正直に写真に撮ります。

いかがでしょうか。自分が思っていた自分とは違う自分がいることが分かることでしょう。これらは単に自己イメージに過ぎません。何かに自己同一化したあなたに過ぎません。人は絶えず自己同一化をしているので、自分からその対象を切り離すことはとても難しいのです。自己同一化はあまりに当たり前のことなので気がつかないのです。よって、これらの〈表層のX〉を〈恒久的自己〉ではないと認識して、自分から精神的に故意に分離してください。「自分を一人と考えている限りは、一歩たりとも進むことはできない。自己修練は、自分の中に二人の人間を感じたときからはじまるのだ」ということになります（前掲書。傍点はママ）。

本当の〈自由〉について

それでは、「怒りで我を忘れる」、「美しい歌声に魅了され恍惚となる」などの忘我状態はなぜ問題があるのでしょうか。忘我状態とは物事に心を奪われうっとりとし、我を忘れている状態のことです。忘我状態のような心はある意味〝純粋な心〟として受け取られることがあるかもしれません。なぜなら子どもは外部からの影響をそのまま受けてしまうからです。しかし、それは言わば〝深化〟していないということになります。人は絶えず外部からの影響を受けますが、影響をストレートに受けるのではなく、何事にも動じることなく、絶えず自分で〈真実〉を見きわめ、しっかり吟味する必要があります。それが人間の〈深化〉です。

もちろん私たち世人は世俗の人間ですから、いつも冷静沈着というわけにはいきません。思考や感情が乱れる場合もあるでしょうし、何も考えずにぼーっとしている時もあるでしょう。もっともこのぼーっとしている、つまり、「思考の停止」という状態は意外にも注目の価値ありです。なぜならこのような時に必要な情報が得られる場合があるからです。「ひらめきは突然やってくる」ということです。逆に、何らかの情報を得たい時には思考を停止させ、情報が降りてくるのを待てばいいのです。もっともひらめきに必要な情報はインプットしておく必要があります。

しかしながら、この思考の停止と忘我状態というのは違います。忘我の状態というのは、人間というよりは、〝機械〟、〝物〟、〝単なる肉体〟と化し、自分が何らかの印象に乗っ取られてしまっているということを知ってほしいのです。言い換えれば、その印象の〝奴隷〟になってしまっているということなのです。奴隷には一切の自由はありません。ただ与えられたことのみを強制的に受け入れざるを得ない存在です。グルジェフの言葉で言えば、「眠っている」のです。「えっ、眠っていません‼　起きてますけど……、だって、ちゃんと道を歩けるし、会話もできますよ！」と思うかもしれませんが、印象の虜になっているという意味においては眠っているのです。人間は常に忘我状態なのです。人間は絶えず何かしらに自己同一化をしているのです。実際、人間を〝奴隷〟や〝機械〟に過ぎないと言っても過言ではないのです。

この観点から、本当の〈自由〉とは、自己同一化からの解放、自己非同一化にあるのです。〈自由〉になりたければ、歌声の例で言うと、「歌声に魅了されている自分がいる、しかし、それは〈表層のX〉であって〈恒久的自己〉ではない」と、絶えず〈表層のX〉と〈恒久的自己〉とを切り離すのです。つまり、自己想起をするのです。

さらに、人は人間関係においても自己同一化しています。例えば、人は自分をどう見るか、どのように扱うか、どのような態度を取るか、ということに自己同一化しています。基本的に、人は、大切に扱われたいと思っているがゆえに、他人の自分を評価しない姿勢に悩んだり、いらだったり、心配したり、悔しい思いをすることになってしまうのです。その結果、エネルギーを無駄に消費し、後悔や敵対心の芽を育むことになります。そのような時でも、「そのような自分は自分ではない。自分が勝手に創り上げた人格に過ぎない。本当の自分はまったく傷ついていない」などと自分を切り離すことです。

とにかく何をするにも絶えず自己想起することです。受動的にならないことです。例えば、友人と話している時も、「今、私は友人と話をして笑っている、でもこれは本当の私ではない」、食事をしている時も、「食事をしている、このお肉をおいしいと思っている、でもそれは本当の私ではない」、さらに応用として、テレビを見ている時、「私はテレビを見ている、さらにそのテレビを見ている私がいる、さらにそれを見ている私がいる……」などと、極力自己同一化をしないように心がけることです。自己想起はある一定量すればいいというものではなく、絶えず心がける必要があります。

自己想起をする意味について

客観意識、すなわち〈恒久的自己〉に至るためには自己想起は必要ですが、そもそもその理由は何なのでしょうか。

（前述しましたが）グルジェフによれば宇宙的法則の基本的なものとして〈三の法則〉があります。それは顕現するすべての現象が〈能動的〉、〈受動的〉、〈中和的〉の三原理の所産であるということになります。つまり、中和的力、第三の力が加わることにより、能動的力と受動的力が結びつき結果を生むのです。人間の意識段階は第三の力に対しては盲目的であり、「事物の中に二元性以上のものを見るためには、普通の状態よりも高度な意識の覚醒が必要」になります（K・R・スピース著『グルジェフ・ワーク』）。そのために自己想起が必要になるというわけです。

自己想起を別の視点から見てみましょう。ウスペンスキー夫人は自己想起の一番の特色として次のように語っています。

この状態になると自分が中心ではなくなる。……部屋にいながら部屋全体を知り、そして自分を部屋の中の事物のうちの一つとして自覚する。他人のことも同様に意識に入っており、自分を他人より上に置いたり、批判的になったり、きめつけたりということをしない。これは愛ではない。が、それは愛の始まりである。この状態の人間は普通、意識しているような自分をもっていない。

（前掲書）

「愛の始まり」、この言葉は胸に響きますね。人は誰でも「自分が愛おしい」と思っていることはお釈迦さまも認めています。しかし、自己想起をすると、自分は単に〝一人の人間〟になるのです。人間の意識は自ずと〝横方向〟へと強いられ、〝縦方向〟という人間のエゴが働いた途端に、自己想起は成立しなくなってしまうのです。自己想起は思った以上に奥が深いのです。

いずれにせよ、〈恒久的自己〉に至るためには継続した自己意識を発達させるしかありません。つまり、自己想起を絶えず心がけるということです。

もっとも自己想起をすることで、他の世界が開けてくるのが怖いと感じる人もいるかもしれません。潜在的に馴染んだ世界から出るのが怖いと感じたとしても、それは自然なことです。自己想起に苦痛を感じるならば、休憩するなりして自分のペースでやってください。

何事においても言えることですが、何か新しいことをやる際には、期待と不安が交錯するものです。よって、未知なる世界を開拓するか否かは本人次第です。いずれにせよ自己想起を続けていれば、何らかの変化が見られることでしょう。

キーフレーズは以下の通りですが、「レッスン1」では、受け入れることを肯定しましたが、ここでは受け入れることを否定することに注意をしてください。

キーフレーズ

悩んだり、怒ったり、傷ついているのは自分ではない。それは単に自分が創り上げた〈表層のX〉が影響を受けているに過ぎない。自分は何者でもない。〈本当の自分〉は少しも傷ついていない。

今、~をしている、それを見ている自分がいる、またそれを見ている自分がいる。

レッスン4　ホロスコープをリーディングする（「レベル5」の習得法）

「レッスン4」では、「レベル5」の①「自分を普遍化する」、②「ホロスコープの基本的な知識から〈ミッション〉のヒントを見出し、果たす」について習得します。①も②もホロスコープをリーディングすることにより、習得できます。

①「自分を普遍化する」については分かりにくいので、今一度確認しておきます。前述したように、人がそれぞれ有する〝くせ〟を取り除き、人類に共通する部分、普遍的無意識で〈生きる〉ということを意味します。それにより人として成熟するばかりか、「自分は何者でもな

い」という意識が養われ、〈恒久的自己〉として生きやすくなります。具体的な方法として、ホロスコープにおけるアーキタイプである惑星のイメージを〈生きる〉ということになります。

惑星のイメージを〈生きる〉という考え方は、人類の深層部分には共通の普遍性があるとする普遍的無意識に基づいています。ホロスコープには惑星が示されていますが、惑星を外的なエネルギーとしてではなく、心理的なエネルギーとして見なします。惑星のイメージは普遍的無意識におけるアーキタイプとして存在しています。いかにして惑星の力を最大限に発揮するのかということが人生における秘められた目標です。

尚、占星術に興味を持たれた方は、専門書をお読みください。筆者としては、鏡リュウジ著『鏡リュウジの占星術の教科書I』、松村潔著『最新占星術入門』、『完全マスター 西洋占星術』などがお勧めです。

ホロスコープ作成について

ホロスコープは基本的には、月、太陽、水星、金星、火星、木星、土星、天王星、海王星、冥王星の10個の天体を使います。太陽は恒星、月は衛星、冥王星は準惑星となりますが、ここではこれらを「惑星」として扱います。

何はともあれ、自分のホロスコープを作成してみましょう。

今ではホロスコープを自分で作成する必要はありません。無料サイトを利用してパソコンやスマホで作成することができます。お勧めの無料サイトとしては、アストロ・ドット・コム(http://www.astro.com/horoscope/ja)、マイアストロチャート(http://www.m-ac.com/index_j.html)、ナッツホイール(http://nut.sakura.ne.jp/wheel/horo.html)などがあります。

ここではアストロ・ドット・コムを使ってホロスコープを作成する手順を簡単に説明します。(現在は2022年8月ですが、時期により内容が変わることも予想されますので、ご承知おきください。)

左上のメニューより「Astrodienst の無料のホロスコープ」をクリックしてください。言語は日本語を選択します。登録画面へと進んでください。登録画面では名前、性別、誕生年月日(必須)、時間(必須)、生まれた国と市町村名(必須)を入力します。生まれた時間が分からない場合は、12時と入れてください。もっとも生まれた時間が分からない場合は精度がかなり落ちてしまいます。母子手帳に記載されていますので見てみてください。市町村名は半角英語で入力してください。

尚、本書では、パソコン用のホロスコープ作成ソフトを使います。『新版 Stargazer で体験するパソコン占星学』付属の占星術のアプリケーションです。

それでは具体的に見てみましょう。

例えば、サンプルとして、2022年3月21日12時に東京で生まれた人がいるとします。この日は春分の日です。このホロスコープは図4のようになります。ホロスコープには、一番内側の円にはハウスの番号、真ん中には惑星のマーク、外側の枠にはサイン（星座）が示されています。ハウスは必ずしも均等に12分割されているわけではありません。惑星間の線はアスペクトです。アスペクトとは「座相」と呼ばれ、二つの惑星間に成立する意味のある角度のことです。通常、占星術では、惑星、サイン、ハウス、アスペクトの四つの観点からリーディングし、トランジットも考慮しますが、ここでは惑星を中心に見ていただき、サインとハウス、そしてその他必要なことを簡潔に説明します。尚、アスペクトについては割愛します。マークは149－153頁に記載があります。

サンプルの場合、牡羊座に一つ［太陽］、牡牛座に一つ［天王星］、蠍座に一つ［月］、山羊座に一つ［冥王星］、水瓶座に三つ［金星　火星　土星］、魚座に三つ［水星　木星　海王星］が入っています。惑星が入っていないハウスがありますが、それはパワーがないとか不吉といったことではありません。ただ単に、「良くも悪くもない」、「人生において大きなテーマではない」といった意味合いですから、安心してください。

私のサインは蠍座なので、長年、「私は執念深く、粘り強い」と思い込んできました。ところが月が水瓶座にあるのです。つまり、私の本能的な欲求や感情として、「サバサバしてドライな面があり、感情を引きずらない」ということになるのです。この正反対な特徴を知り、とても衝撃を受けました。今までの自己像がガラガラと音を立てて崩れていったのを覚えています。さらに、金星が射手座、木星が天秤座にあり、射手座や天秤座などは私にはまったく無縁

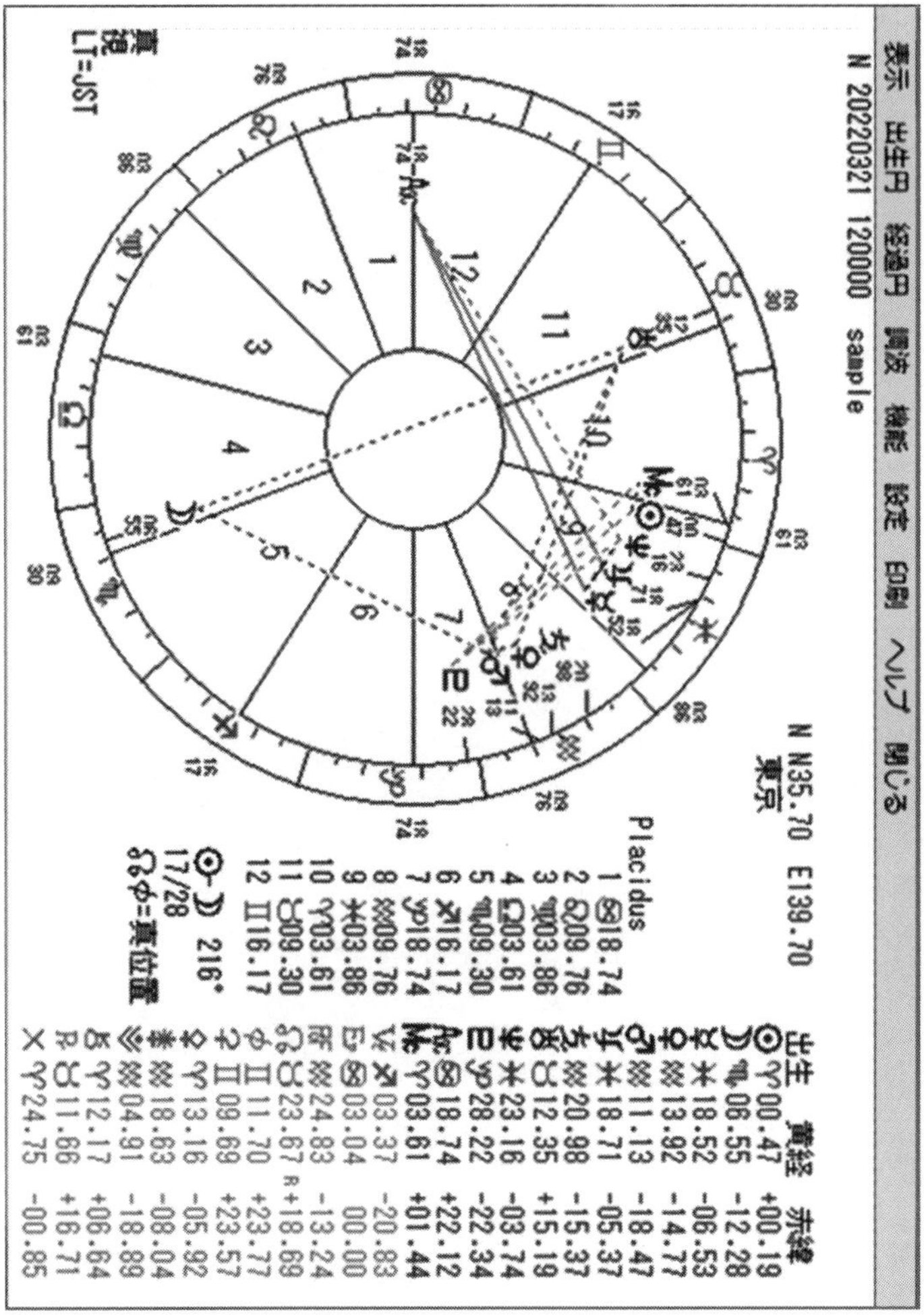

表示　出生円　経過円　調波　機能　設定　印刷　ヘルプ　閉じる

N 20220321 120000 sample

N N35.70 E139.70
東京

Placidus

1	♋18.74
2	♌09.76
3	♍03.86
4	♎03.61
5	♏09.30
6	♐16.17
7	♑18.74
8	♒09.76
9	♓03.86
10	♈03.61
11	♉09.30
12	♊16.17

☉-☽ 216°
17/28
☊φ=真位置

出生	黄経	赤緯
☉	♈00.47	+00.19
☽	♏06.55	-12.28
☿	♓18.52	-06.53
♀	♒13.92	-14.77
♂	♒11.13	-18.47
♃	♓18.71	-05.37
♄	♒20.98	-15.37
♅	♉12.35	+15.19
♆	♓23.16	-03.74
♇	♑28.22	-22.34
Ac	♋18.74	+22.12
Mc	♈03.61	+01.44
Vx	♐03.37	-20.83
Ep	♋03.04	00.00
PF	♒24.83	-13.24
☊	♉23.67	R +18.69
φ	♊11.70	+23.77
⚳	♊09.69	+23.57
⚴	♈13.16	-05.92
⚵	♒18.63	-08.04
⚶	♒04.91	-18.89
⚷	♈12.17	+06.64
♇	♉11.66	+16.71
×	♈24.75	-00.85

真
視
LT=JST

図４　2022年3月21日12時、東京生まれのホロスコープ

のサインであると思っていたのですが、そこに惑星があったことに新鮮な驚きが湧き起こった記憶があります。

作成できましたか。自分のホロスコープを見ていかがですか。自分のサインは～座などと知っているかと思います。そのサインには太陽が入っているということなので、あと9個の惑星を見る必要があります。月は～、太陽は～、水星は～などと早速確認してください。思いもかけないサインに惑星が発見できたことでしょう。

そもそも人は自分を決めがちです。例えば、私は蠍座なので、「執念深く、粘り強い」などと思い込んでしまっているということです。自分で自分のことはなかなか分からないものです。しかし、ホロスコープに10個の惑星を見ることにより、自分の可能性が広がります。これは占星術ならではの〝特典〟なのです。惑星を〈生きる〉ことを心がけ、自分の可能性を広げてください。とにかく10個の惑星合わせて〈自分〉なのです。思いもしないサインに惑星があって、新たな〈自分〉を発見できて、うれしくありませんか。

以下に、惑星、サイン、ASCとMC、ハウス、惑星の配置、惑星の公転周期と惑星の発達年齢域を簡単に説明していきます。

惑星について

惑星は重要です。惑星が主役だからです。10天体で一個人を表しています。個人の活動欲求を10種類に分割したものであって、個人の性格づけではありません。惑星は「心の奥底から湧き出てくる、ある種のエネルギー、あるいは欲望、さらにはモチベーションの源泉だと考えていいでしょう」（鏡リュウジ著『鏡リュウジの占星術の教科書Ⅰ』）。

惑星の基本的な意味について

以下に、惑星について説明しますが、「月」を例として取り上げます。

惑星にはそれぞれマークがあり、月のマークは☽です。ホロスコープ上では、惑星はすべてマークで表されます。「　」は、主語（自分）に対する基本的な叙述内容です。月の場合は「私は感じる」となります。「一般人　妻　母親　クイーン」とは月が表す「人」です。「感情　気分　日常の習慣　人格の基礎　想像力」は月が表す特性です。

月　☽　「私は感じる」——一般人　妻　母親　クイーン

感情　気分　日常の習慣　人格の基礎　想像力

水星　☿　「私は考える」——知識人　使者　文化人　外交官

考え　言語　学び　コミュニケーション　判断する能力

金星　♀　「私は調和する」——愛と美の女神　若い女性　愛人　富裕層

愛　調和　感受性　芸術　お金

太陽 ☉ 「私は意図する」──創造主 夫 支配者 キング
真の自我 名誉 活力 華やかさ 目的意識

火星 ♂ 「私は行動する」──事業家 軍人 男性 若者
積極性 行動力 闘争心 自己主張する能力 性的な欲求

木星 ♃ 「私は拡大する」──成功者 有識者 法律家 大学教授
拡大 発展 保護 寛容 道徳的な価値観の探究

土星 ♄ 「私は証明する」──教師 年配者 政治家 父親
努力 責任 制限 厳格 自己管理

天王星 ♅ 「私は解放する」──思想家 発明家 科学者 革命家
変化 改革 独自性 宇宙 個人主義的な自由

海王星 ♆ 「私は一体化する」──理想主義者 芸術家 詩人 宗教家
陶酔 欲求 神秘性 忘我 酒

冥王星 ♇／♇ 「私は刷新する」──陰の帝王 哲学者 医者 黒幕
死 再生 秘密 前世 自己変容

サインについて

サインの基本的な意味について

サインとは、人間の心理や感情の変化を12種類に分割して表したものです。通常、皆さんが「星座は?」と聞かれて答えるものです。惑星はそのサインにいることでサインの影響を受けることになります。例えば、土星が山羊座にある場合、双子座にあるよりも保守的で堅実になるということです。

以下に、サインについて説明しますが、牡羊座を例として取り上げます。

サインにはそれぞれマークがあります。牡羊座のマークは♈です。惑星同様、ホロスコープ上ではすべてマークで表されます。「開拓者のサイン」とは、サインの別名と捉えてください。支配星（ルーラー）とは、そもそもサインにはそれぞれ支配星があり、惑星が自分の支配するサインにあれば、自分の力を存分に発揮することができます。牡羊座の場合は火星になります。「行動的に　挑戦的に　情熱的に⇔闘争的に　野心的に　自分勝手に」とは特性です。矢印の上には長所を、下には短所を示します。もっとも長所と短所は表裏一体であることを忘れないでください。またどのサインが良くて、どのサインが悪いということはありません。ただ、その人がサインの特質のポジティブな面を生きているのか、ネガティブな面を生きているのかということに過ぎません。

利用の仕方ですが、占星術は惑星が主役であることを思い出してください。鏡リュウジ氏も

『鏡リュウジの占星術の教科書Ⅰ』で仰っているように、惑星は「主語＋動詞」として表してあります。そこにサインは副詞として入れてください。例えば、サンプルの場合、水瓶座に金星があります。従って、「私は、個性的に・革新的に・自由に／ひがみっぽく・独善的に・淡泊に、調和する」となります。文は多少不自然になりますが、真意をくみ取ってください。

牡羊座 ♈ ――開拓者のサイン　支配星は火星
行動的に　挑戦的に　情熱的に ⇕ 闘争的に　野心的に　自分勝手に

牡牛座 ♉ ――建造者のサイン　支配星は金星
安定的に　我慢強く　おっとりと ⇕ 強欲に　鈍感に　消極的に

双子座 ♊ ――伝達者のサイン　支配星は水星
知的に　論理的に　陽気に ⇕ 飽きっぽく　冷たく　軽薄に

蟹座 ♋ ――養育者のサイン　支配星は月
家庭的に　情緒的に　愛情深く ⇕ 愚痴っぽく　悲観的に　内気に

獅子座 ♌ ――演技者のサイン　支配星は太陽
積極的に　寛大に　独創的に ⇕ 大げさに　傲慢に　支配的に

乙女座 ♍ ――分析家のサイン　支配星は水星
実践的に　几帳面に　分析的に ⇕ 批判的に　神経質に　否定的に

天秤座 ♎ ——外交家のサイン　支配星は金星
社交的に　協力的に　優美に　⇕　虚栄的に　怠惰に　調子よく
蠍座 ♏ ——ヒーラーのサイン　支配星は冥王星／火星
思慮深く　直感的に　忠実に　⇕　激情的に　破壊的に　嫉妬深く
射手座 ♐ ——冒険家のサイン　支配星は木星
楽観的に　哲学的に　発展的に　⇕　無責任に　無頓着に　いい加減に
山羊座 ♑ ——統治家のサイン　支配星は土星
誠実に　保守的に　堅実に　⇕　打算的に　用心深く　野心的に
水瓶座 ♒ ——改革者のサイン　支配星は天王星／土星
個性的に　革新的に　自由に　⇕　ひがみっぽく　独善的に　淡泊に
魚座 ♓ ——夢追い人のサイン　支配星は海王星／木星
奉仕的に　感性豊かに　創造的に　⇕　気弱に　非現実的に　自己犠牲的に

サインの区分について

サインは、二区分、三区分、四区分されます。これらの区分は一見重要でないように思われるかもしれませんが、自分を知るいい手掛かりになります。

二区分（性別による分類）

女性サイン………牡牛座　蟹座　乙女座　蠍座　山羊座　魚座

陰　関心が内に向かう

男性サイン………牡羊座　双子座　獅子座　天秤座　射手座　水瓶座

陽　関心が外に向かう

三区分（行動の特性による分類）

活動サイン………牡羊座　蟹座　天秤座　山羊座

スタートさせる積極的な力、維持するのはあまり得意ではない

不動サイン………牡牛座　獅子座　蠍座　水瓶座

持久力や維持する力、動きに抵抗する

柔軟サイン………双子座　乙女座　射手座　魚座

変化に柔軟に対応し調整する力、変化し続ける

四区分（活動の方向性による分類）

火………牡羊座　獅子座　射手座

直観機能

地………牡牛座　乙女座　山羊座
　感覚機能
風………双子座　天秤座　水瓶座
　思考機能
水………蟹座　蠍座　魚座
　感情機能

同じサイン内におけるパーソナリティの違いに対する方法について

同じサインの人でもタイプが違うと感じる場合があります。それは後述する（ASC（アセンダント））の影響もありますが、同じサインでも30日前後あるわけですから、そのどこで生まれたかによりパーソナリティに違いがあったとしても自然なことでしょう。その分割に対応する方法を簡単に紹介します。

まず、「デイク／デーク／デカン」があります。「デイク」とは、太陽のサイン30度を10度ずつ（約10日）に3分割したものです。従って、同じ牡羊座でも三つのグループに分割されることになります。手順は以下の通りです。

(1) サインを3分割する。

(2) 該当する四元素をそれぞれ順番に割り当てる。
(3) 前述したそれぞれのサインの特性を参考に当てはめる。

具体的には以下のようになります。

第1デイク　3月21日～3月30日　牡羊座×牡羊座
第2デイク　3月31日～4月9日　牡羊座×獅子座
第3デイク　4月10日～4月19日　牡羊座×射手座

このように同じ牡羊座でも第2デイクになると牡羊座でありながら、獅子座も支配するようになります。従って、第1デイクでは典型的な牡羊座の長所や短所がストレートに出ますが、第2デイクになると、獅子座の長所や短所の側面が出てくるようになります。
また、30度を5度ずつ六つのグループに分ける方法もあります。さらに詳しく、12サインの360度を1度ずつ象徴的な文で表した「サビアンシンボル」というものもあります。興味のある方は、松村潔氏の『完全マスター 西洋占星術』、『完全マスター 西洋占星術Ⅱ』、『ディグリー占星術』等を参照してください。

注意してほしいのですが、ＡＳＣとＭＣ、および次に述べるハウスと惑星の配置については出生時刻が分からない人には適用できません。出生時刻が分からないとＡＳＣの位置が決まらないので、ハウスも決まらないことになります。もっとも惑星の位置関係は分かります。ただし、月（☽）の位置は1時間で0・5度移動するので、参考程度にしてください。よって、おおよその時間でもいいので、設定してみてください。後述しますが、ＡＳＣによりおおよそでも出生時刻を突き止めるという手もあります。

ＡＳＣとＭＣについて

それではＡＳＣから説明します。ホロスコープを見るとほぼ十字に四分割されています。ハウスは四つのアングルを基準にして作成されます。左側中央（東）がＡＳＣ／ＡＣ（アセンダント）、右（西）がＤＳＣ／ＤＣ（ディセンダント）、一番上（南）がＭＣ（メディウム・コエリ）、一番下（北）がＩＣ（イマム・コエリ）になります。ＡＳＣとＤＳＣ、ＭＣとＩＣを結ぶ線を「ホロスコープの軸」と呼びます。この四つの軸の前後10度以内、特に5度以内に惑星があった場合、その惑星の影響力ははっきりと表れます。特に、ＡＳＣとＭＣの場合には注目してください。

ＡＳＣとは、出生時刻に東の地平線の上にある上昇していくサインの度数のことであり（朝日が昇って行くところであり）、第1ハウスの起点となる境界線（カスプ）として用いられます。ＡＳＣはその人のタイプ、気質、容貌、行動パターン、この世界に対する向き合い方に関係します。実例として、射手座生まれの人がいるのですが、人から「射手座のように見えない」とよく言われるそうです。ホロスコープを見るとその人のＡＳＣは牡牛座でした。つまり、射手座的に熱狂的で自由奔放に見えるというよりは、牡牛座的に地道でおっとりとして見えるということになります。

ＡＳＣは注目ポイントですので、ぜひホロスコープを見てみてください。ＡＳＣを見ることにより、他者が自分をどのように見ているのか、自分はどのように世界を眺めているのかということが分かります。また、出生時刻が分からない人がそれを探るヒントにもなります。

ＭＣとは、出生時刻に南中点に昇っているサインの度数のことで、「天頂」や「中天」とも呼ばれます。ＭＣはホロスコープの一番上にあるので、最終的に自分が目指す方向、人生のゴール、人生の目標ということになります。

ＤＳＣとは「他者との関わり」、「対外的に向ける顔」、ＩＣとは「私的な自分」、「心のふるさと」、「ルーツ」になります。

ハウスについて

ハウスとは、「個人の生活における具体的な活動分野」を表します。よって、ハウスはサインよりもより個人的な問題に影響を与えることになります。例えば、サンプルの場合、水瓶座に金星があり、「私は、自由に／淡泊に、調和する」となります。それをハウスに適用すると、

「どこでそのようになるのか」という人生における経験の場を示します。サンプルに適用すると、金星が第8ハウスにあるので、「人との共有という場において、私は、自由に／淡泊に、調和する」となります。このように言葉を機械的に当てはめるとどうしても真意が伝わりにくくなってしまいますが、現段階ではやむを得ないでしょう。想像力を生かして解釈してみてください。

ただ、ハウスにおける惑星を解釈する際、注意事項があります。「5度前ルール」というのがあるからです。それはハウスの起点となる境界線の手前5度以内にある惑星は次の惑星に入っていると見なすというものです。例えば、サンプルの場合、月は第4ハウスに、太陽は第9ハウスにありますが、「5度前ルール」を適用すると、第5ハウスに月が、第10ハウスに太陽が入ることになります。惑星はハウスの境界線の5度前になると、次のハウスの影響を受けるようになります。従って、サンプルの太陽は第9ハウスと第10ハウス、月は第4ハウスと第5ハウスという両方の意味を持つことになります。

ハウスに惑星がない場合がありますが、そのような場合、ハウスの境界線（起点）にあるサインの支配星が入っていると見なします。サンプルでは、第1ハウスに惑星が入っていませんが、第1ハウスの起点が蟹座にありますので、支配星である月が入っていると見なします。しかし、その力は惑星が実際に存在している場合よりも弱くなります。惑星がないからと言って、そのハウスには意味がないということではありません。（前述しましたが）意識しなくても人並みには働く場所であり、今回の人生において大きなテーマではないと捉えてください。
一つのハウスに惑星が三つ以上ある場合、そのハウスへの関心が強くなるということと、そのハウスに費やす時間やエネルギーが多くなるということを意味します。

ハウスの基本的な意味について

ハウスの基本的な意味について簡潔に記します。第1ハウスを例にとると、「自我のハウス」とは第1ハウスの別名と捉えてください。「(牡羊座)」とは、第1ハウスの基本サインです。「個性　容姿　行動のくせ」とは特性です。

第1ハウス………自我のハウス（牡羊座）
個性　容姿　行動のくせ
第2ハウス………所有・財産のハウス（牡牛座）
金銭　生まれつきの才能　祖先
第3ハウス………知性・通信のハウス（双子座）
教育　兄弟姉妹　旅行
第4ハウス………基盤のハウス（蟹座）
家庭　両親　晩年

第5ハウス……創造・表現のハウス（獅子座）
恋愛　子ども　レジャー
第6ハウス……健康・仕事のハウス（乙女座）
職業　病気　義務
第7ハウス……他者のハウス（天秤座）
結婚相手　パートナー　共同事業
第8ハウス……共有のハウス（蠍座）
遺産　先祖　セックス
第9ハウス……探究のハウス（射手座）
海外　哲学　思想
第10ハウス……目的・達成のハウス（山羊座）
天職　キャリア　社会的地位
第11ハウス……集合のハウス（水瓶座）
友人　同僚　グループ
第12ハウス……瞑想・秘密のハウス（魚座）
奉仕　癒やし　潜在意識

ハウスの三区分について

ハウスは三区分されます。それぞれの区分における惑星の数を見ます。各区分に入る惑星が多くなれば、それぞれの特徴が示す影響を受けることになります。

アンギュラー／アングル………1ハウス、4ハウス、7ハウス、10ハウス

特徴➡目立つ人生を歩む。

アンギュラーは活動サインと似た性質になります。従って、ここに入る惑星の力は一番強く、結果的に積極的に自分を表現します。以上から、アンギュラーに惑星が多く入っている人の人生は浮き沈みが大きくなりやすくなります。

サクシデント………2ハウス、5ハウス、8ハウス、11ハウス

特徴➡継続的な努力が成功につながる。

サクシデントは不動サインと似た性質になります。従って、ここに入る惑星は比較的ニュートラルな傾向を示すことから、安全性とか持続性と関連することになります。以上から、サクシデントに入る惑星は人生にある程度影響を与えます。

カデント………3ハウス、6ハウス、9ハウス、12ハウス

特徴➡俗世間で活躍するというよりは、人格形成に必要になる。

カデントは柔軟サインと似た性質になります。従って、ここに入る惑星は知性や精神性を

重んじることから、精神面に影響を与えます。以上から、カデントに多く惑星が入っている人の人生はそれほど大きな変化はありません。

ハウスにおける惑星の配置について

私は自分の惑星の配置を見てとても腑に落ちたので、簡単に説明しておきます。繰り返しますが、惑星の配置も出生時刻が分からない場合はアセンダントが定まらないので適用できません。おおよその時刻でもいいので入れてみてください。

（前述したように）ホロスコープは四つのアングルに区分されています。それを基準にして惑星の配置を見ます。

上・下の区分けが示す意味について

アングルを上・下で二つに区分けします。

上（7、8、9、10、11、12）対人関係および社会生活を表す

下（1、2、3、4、5、6）個人的な関係および私生活を表す

上・下・左・右の区分けが示す意味について

アングルを上・下・左・右の四つに区分けします。

左下（1、2、3）個人における才能の発達を表す

右下（4、5、6）個人における人間的な発達を表す

右上（7、8、9）集団における自己形成を表す

左上（10、11、12）全人格の統合性を表す

惑星の配置について

ハウスにおける惑星の配置により、おおよその人生の傾向を垣間見ることができます。

下半分に多い　私生活を大切にする　身近な物事に関心を向ける

上半分に多い　パブリックな生活や社会的な行動にエネルギーを注ぐ

左半分に多い　自力で人生を切り開く　自分の価値観を大切にし、自己主張する

右半分に多い　人の力に頼る　他者との関係を大事にし、人生を渡る　空気を読む

平均している　自分と他者にエネルギーを注ぐ　特出した得意分野を持ちにくい

惑星の公転周期と惑星の発達年齢域について

惑星はそれぞれの速度でサインを循環しています。「インナー・プラネット」と「アウター・プラネット」として分類した場合、前者は肉眼で見ることのできる七つの惑星（月、水星、金星、太陽、火星、木星、土星）、後者は望遠鏡を用いてのみ見ることができる三つの惑星（天王星、海王星、冥王星）ですが、前者は後者と比較して相対的に早く移動します。

惑星には発達する年齢域があります。例えば、月の年齢域は〇歳から七歳ですが、この時期にその人の人格の基礎の部分が形成されます。金星であれば、十六から二十五歳の体験を通して、愛や美に対する感性が形成され、感受性も豊かになります。

以下に、惑星の公転周期と発達年齢域を記します。特徴は記しましたが、一部言葉を変えて再度記します。

惑星	公転周期	発達年齢域	特徴
月	二八日	〇～七歳	感情　習慣　人格の基礎
水星	八八日	八～十五歳	知性　会話　学校
金星	二二五日	十六～二十五歳	愛　調和　金銭
太陽	三六五日	二十六～三十五歳	公的　地位　健康
火星	二年	三十六～四十五歳	権力　競争　性的なエネルギー

木星　　一二年　　四十六～五十五歳　　拡大　発展　寛大
土星　　二九年　　五十六～七十歳　　制限　責任　憂鬱
天王星　八四年　　七十一～八十四歳　　変革　覚醒　独立性
海王星　一六五年　八十五～死ぬまで　幻想　忘我　無意識
冥王星　二四九年　死の瞬間　　　　地下世界　魂の世界　死と再生

ホロスコープから、自分を知り、〈ミッション〉のヒントを読み取ろう

それではここまでの説明でどのようなことが分かるのでしょうか。サンプルを例として取り上げますので、皆さんも一緒に分析してみてください。もっともアスペクト等は一切考慮していませんので、基本的な内容にとどまります。しかしながら、基本的なことをクリアしての応用なので、まずはここから始めることは常道です。

男性サイン四つ［太陽　金星　火星　土星］
女性サイン六つ［月　水星　木星　天王星、海王星　冥王星］
活動サイン二つ［太陽　冥王星］
不動サイン五つ［月　金星　火星　土星　天王星］

柔軟サイン三つ［水星　木星　海王星］

火のサイン一つ［太陽］
地のサイン二つ［天王星　冥王星］
風のサイン三つ［金星　火星　土星］
水のサイン四つ［月　水星　木星　海王星］

デイク　第1デイク　牡羊座×牡羊座

ＡＳＣ　蟹座
ＭＣ　牡羊座

アンギュラー………二つ［太陽　冥王星］
サクシデント………五つ［月　金星　火星　土星　天王星］
カデント………三つ［水星　木星　海王星］

二区分・三区分・四区分、およびデイクについて

惑星が集中している性質が強調されるということを思い出してください。ただし、惑星が最も少ない、および一つもない分類においては、逆にその性質を無意識的に渇望することになります。そのような場合、周囲から見た場合の方が分かりやすいかもしれません。

二区分としては、女性サインが六つあるので、どちらかといえば内向的で、自分の考えなどを表現するというよりは受け身的なタイプです。

三区分としては、不動サインが五つあるので、頑固なところがあり、自分の考えを重視することでしょう。物事には持続力と忍耐力をもって取り組みます。基本的には新しいことや変化をあまり好みません。

四区分としては、水のサインが四つあるので、論理というよりは情感を優先するでしょう。感受性に富み、人との感情の交流を大切にします。

この人の誕生年月日は第1デイクに相当に相当します。つまり、典型的な牡羊座の特質が表れることになります。さらに太陽が牡羊座（男・活動・火）の1度（数え度数）にあるということを考慮すると、この世界に入ったばかりということになるので、すべてがまっさらな状態にあります。従って、この世界に存在するために無意味に自己主張をします。単純な側面から、行き当たりばったりの言動をしがちであることは否めません。そもそも闘争心が強く負けず嫌いです。それがプラスに働けばいいのですが、マイナスに働くとトラブルを抱えやすくなりま

す。

ＡＳＣとＭＣの組み合わせについて

ＡＳＣとＭＣの組み合わせで基本的なタイプを見ます。これにより具体的にその人の人生傾向が分かります。

基本的なタイプとしては、ＡＳＣが蟹座、養育者のサインで女・活動・水です。ＭＣが牡羊座、開拓者のサインで男・活動・火なので、見た目は、おとなしく気さくで親しみやすく見えるかもしれませんが、なかなか激しいところがありそうです。

人生傾向としては、仕事では、仲間とともに何か新しいことにチャレンジするかもしれません。しかし、主張はしますが、その内容は稚拙であったり衝動的であったりするので、仲間に頼ることになりそうです。心の奥底では不安を抱え込んでいますので、第一線で活躍するというよりは、一歩引いた立場にいた方が安心感を得られることでしょう。

ハウスの三区分について

ハウスの三区分からは、アンギュラーに二つ、サクシデントに五つ、カデントに三つです。単純にその割合から見ると、あまり目立つ人生ではなく、何かを地道に継続することが人生の成功のカギになるでしょう。

ただし、アンギュラーの数は少ないですが、第10ハウスの太陽がカルミネート（最もMCに近い惑星）しているので無視はできません。基本的には成功願望が強く、キャリアアップ志向ですから、私生活がおざなりにされやすくなります。

サクシデントの中でも第8ハウスに金星・火星・土星の三つが水瓶座にあります。組織や人間関係においては深くなる傾向がありますが、同時に、新しい形態のそれらとの関係についても意識の変革を求められます。また、異性とは自由な関係になりやすく、性的な問題が生じやすくなります。

カデントの中でも第9ハウスに三つあります。向上心にあふれ、神秘的な未知なる世界に興味を示すことでしょう。遠い異国の地を訪ねたりすると想像力が喚起され、情感におぼれることなくうまくコントロールできれば、優れたクリエイターになれる可能性があります。学んだ成果を出版するとよいでしょう。

惑星の配置について

惑星の配置については、9個の惑星が上半分にあるので、パブリックな生活や社会的な行動にエネルギーを注ぎます。社会や周囲へのアピール力があり、目立ちたがり屋の面もあります。また、右上に集中しているので、自分から率先して事を起こすというよりは、空気を読み行動をします。注目すべきは、下半分に一つだけある月です。表面的なあり方に対し、「これでいいのかな？」などのプレッシャーや葛藤が生まれやすく、闘争的になったり過度に辛辣になったりと、精神的には不安定になりやすいでしょう。

〈ミッション〉のヒントについて

最終的に、「この人の〈ミッション〉のヒントとは？」と問われれば、一言では、社会や集団における人格の育成を目指すということになります。

具体的に言えば、仕事や人との関わりの観点からは、心中穏やかならずといった傾向になりがちですが、感性という観点からは、遠い異国や神秘的な世界を開拓し、想像力を広げ精神性の高い生き方を望みます。しかし、オートマティカルな感情のパターンとして、幼児性が抜けず、気持ちにムラがあるため、熱しやすく冷めやすい傾向は否めません。よって、いかにして精神的に成長し、個性を発揮していくのかということがポイントになるでしょう。最終的には、「自分探し」が隠れたテーマになると言ってもいいかもしれません。

惑星のイメージを〈生きる〉ことについて

星のイメージを〈生きる〉ことにより自分を普遍化させるという観点から解説してきましたが、いかがでしょうか。しかしながら、実際、惑星のイメージを〈生き〉、自分を普遍化させると言われてもなかなか難しいかもしれません。よって、具体的に考えてみましょう。

惑星を〈生き〉、自分を普遍化させるということを一言で言えば、10個の惑星を意識することにより表に引き出し、それぞれを〈生き〉、最終的には、統合化して〈生きる〉ということになります。10個の惑星は単独で働いているのではないのです。惑星は互いに干渉しあうことにより、その人の人生が創造されていくのです。つまり、人間は成長するにつれ、人間性がゆたかになるのが本来なのです。もう少し詳しく見てみましょう。

前述したように、各惑星には公転周期と発達年齢域がありました。サンプルで検討しましょう。

サンプルでは、金星は水瓶座にあります。よって、基本的には、個性的なパートナーとは友達感覚で自由かつ対等な恋愛を求めます。しかし、二二五日後に出発点に戻るまでは、トランジットの金星は各サインを移動します。例えば、金星が牡羊座にある時、愛情表現はストレートかつ情熱的になりますが、山羊座にある時、愛情表現はムードに欠け現実的になります。このように様々な恋愛のパターンを味わうことになります。次第に、自身のパターンから自由になり、金星は普遍化されていきます。それは同時に、他人の恋愛に対しても寛容になることにつながります。

それでは月の場合はどうでしょうか。月の公転サイクルはおよそ二八日ですから、約一か月で出発点に戻ります。人の気分がコロコロ変わりやすいのは、月のサイクルの速さにあります。特に女性の身体が月の影響を受けやすいことは言うまでもありません。

もっとも月の場合、「三つ子の魂百まで」と言われるように、その発達年齢域に形成されたものは人格の基礎となります。また、この時期に得た悪癖はなかなか変えることはできません。つまり、(悪癖であったとしても)それは心地よい安定のスタイルなのです。仮にその時期に疎外感を味わった人は、疎外感を味わうたびに本来の自分に戻ったような気がすることでしょう。従って、無意識に組み込まれたものを変えることは難しく、そこを基盤に、様々な月を経験するという考え方でいいと考えます。

このように月、水星、金星、火星といった公転速度が速い惑星に意識を向ければ、12種類のサインにおけるそれぞれを体験することができます。従って、その惑星がどのサインにいる時に、心地が良く心地が悪いのかということが認識できるようになります。結果的に、自分という人間が分かってくることになります。

さて、ここで疑問が湧いたかもしれません。「冥王星の周期は二四九年ですよね〜、ということは人生たかだか八十数年、長生きしても百年そこそこなので、一生かかっても12サインをすべて周り終えないいじゃないですか〜、それに冥王星を経験するのは死ぬ瞬間なので、どうやって冥王星を経験するんですか?」

確かにその通りですね。それについて松村潔氏はこのように仰っています。

冥王星のように、12サインを周り終えない星は、星の性質そのものを理解することはできません。せいぜい、特定のサインの色に染まった部分的な冥王星しか知ることができない……。このことから冥王星が持つ意味は、個人の経験では理解しつくすことの不可能な深層意識の中にある意志である、と考えることができるのです。

（松村潔著『最新占星術入門』）

このように冥王星については、個人ではどうすることもできない力を表しています。しかし、冥王星の公転周期が遅いからと言って軽視はできないのです。遅いだけにジリジリと影響を与えていることを忘れないでください。

以上見てきたように、自分を限定しないことです。自分を限定させるのは、自分の可能性を自分で閉ざしてしまうことと同じです。一つの生き方にこだわってしまうと俗に言う「中年の危機」に対応しにくくなってしまいます。多様な自分を味わってください。惑星は10個あるのです。すべてあなた自身です。様々な惑星を〈生きる〉ように心がけてください。必然的に、自分の人生が豊かに展開されていきます。

普遍化する別の方法について

自己実現をし、普遍化する方法として、別の方法もあります。以下は参考までにお知らせしますので、興味のある方は該当書をご参照ください。

皆さんの中には神話と言うと、時代遅れで架空の物語と思う人もいるかもしれませんが、アーキタイプは神話にも見出すことができます。

既出のアーキタイプは、シャドウ、アニマ、アニムス、グレート・マザー、ワイズ・オールド・マンですが、これらを神話から分析することは私たち世人にはかなりハードルが高くなり、専門家の手助けが必要になります。従って、私たち世人でも簡単に自分を見出すことができるアーキタイプを探し出す必要があります。

筆者が考えるに、キャロル・S・ピアソン著『英雄の旅』におけるアーキタイプが最も適切です。そこには12種類のアーキタイプ、すなわち、幼子、孤児、戦士、援助者、探究者、破壊者、求愛者、創造者、統治者、魔術師、賢者、道化が描かれています。それらのアーキタイプは、人生の旅におけるステージで主役を務めます。

該当書にはエクササイズ等が用意されていますので、それらを実施することにより、自分の傾向が分かり、アーキタイプが生き生きと浮かび上がってくることでしょう。同時に、人生の〈地図〉が示され、進むべき方向も自ずと明らかになるでしょう。

また、日本の昔話におけるアーキタイプの解説は、河合隼雄著『昔話の深層』も参考になります。

キーフレーズ

私はホロスコープにおける10個の惑星を意識し、(楽しみながら) 偏りなく生きます。

レッスン5 〈恒久的自己〉について (「レベル6」の習得法)

「レッスン5」では、〈恒久的自己〉を習得します。

自分を普遍化することにより、〈恒久的自己〉に至りやすくなります。なぜなら自分は単に人類における一人の人間に過ぎないと思えるようになるからです。そしてそれは自己想起に支えられています。もっともこのようなことは複雑かつ難しく思われることから、世人の皆さんは嫌気が差してしまうかもしれません。よって、ここでは〈恒久的自己〉とつながる方法を単純化してお伝えします。

〈恒久的自己〉は感じることはできます。従って、〈恒久的自己〉が感じられる場所が分かればいいわけです。そしてそこをいつも意識し、育てていけばいいことになります。それではその場所を探ってみましょう。

まず、人が我を忘れるのはどのような時でしょうか。

「緊張して上がってしまった」

「うれしくて舞い上がっちゃった」

「逆立ちしたら血が頭に上ってしまって、ぼうっとなってしまった」

「高熱で頭がぼうっとする」

「のぼせて前後の見境がなくなった」

「あの人、本当に頭にくる」

「怒りで頭に血がのぼった」

「顔を真っ赤に上気させて怒った」


このように自分を失っている時は、意識や気が「上」に行っています。そのような時、人は理性を失いやすく、結果的に、落ち着きを失い、情動に支配されやすくなります。


一方、人は、通常、冷静かつ落ち着いている時は、意識は「下」にあります。

「腹をくくる／すえる／固める／決める」

「腹を探る」

「腹を読む」

「腹を割る」

「腹を癒やす」

このように「腹」にまつわる言い回しは多く見られます。要するに、「腹」には何か重要なものがあるわけです。

以上から、〈恒久的自己〉は「上」ではなく「下」（腹）にあるのではないかという予測が成り立ちます。以下に、その根拠を三つ提示します。

第一として、人間には「チャクラ」という「エネルギーセンター」があります。チャクラを通して、宇宙からの生命エネルギー（気）を取り込み、全身に巡らせています。チャクラは七つあり、下から、第一チャクラ（ムーラーダーラ）（肛門の上）、第二チャクラ（スヴァーディスターナ）（生殖器の上）、第三チャクラ（マニプーラカ）（へそ）、第四チャクラ（アナーハタ）（心臓の高さの脊柱）、第五チャクラ（ヴィシュッディ）（咽頭部）、第六チャクラ（アッギャー）（眉間）、第七チャクラ（サハスラーラ）（大脳腔）となります。

ここで注目したいのは、第二チャクラです。そもそも第二チャクラは生命の源です。ヨガの書籍には、「スヴァーディスターナ」（第二チャクラ）は「生殖器の上」にあるとし、「魂・生命力の座」と記されています（B・K・S・アイアンガー著『ヨガ呼吸・冥想百科』）。この場所は丹田と呼ばれている場所で、おへそから指三〜四本分くらい下の下腹部にあります。よく丹田呼吸（腹式呼吸）などと言われますが、丹田には気が集まっていることから、この呼吸をゆっくりすることにより、自律神経が安定し、心身がリラックスします。結果的に、自分を取り戻し、ストレスが緩和され、集中力が得られ、バイタリティーが高まります。

第二として、瞑想法の本である『黄金の華の秘密』における『慧命経』には、次のように記されています（図5を参照）。

肺胞は真理を蔵した場所であり、真の意識〔智慧〕と真の〔永遠なる〕生命とがつくり出される祭壇である。それは海底の竜宮とよばれ、……大いなる歓びの国〔極楽国〕とよばれ、果てなき国〔無極之郷〕とよばれる。これらさまざまの名は、すべてこの胚胞を意味しているのである。もし修行者が死を前にして、この胚胞を明らかにすることができなければ、彼は千回生れ変り万年生きたとしても、意識と生命の統一を見出すことはできないであろう。［中略］
この肺胞の中に意識と生命の支配原理が存することを知らずに外に向ってそれを求めていかに努力してみても、何事も成し得ないのである。

（『慧命経』（『黄金の華の秘密』収録）より。［］は筆者の挿入。〔〕はママ）

尚、「胚胞」とは「見えざる洞穴」であり、形もなく、像ももちません。図5に見られるように、胚胞は胴体の下半部中央にあり、生命の門と意識の門をへだてています。
第三として、諸富祥彦氏は、真の自己＝〝いのちの働き〟としてこのように仰っています。
妥協なき求めの徹底において、人は、古い自分（エゴ）は死に、自らのうちなる〝いのち

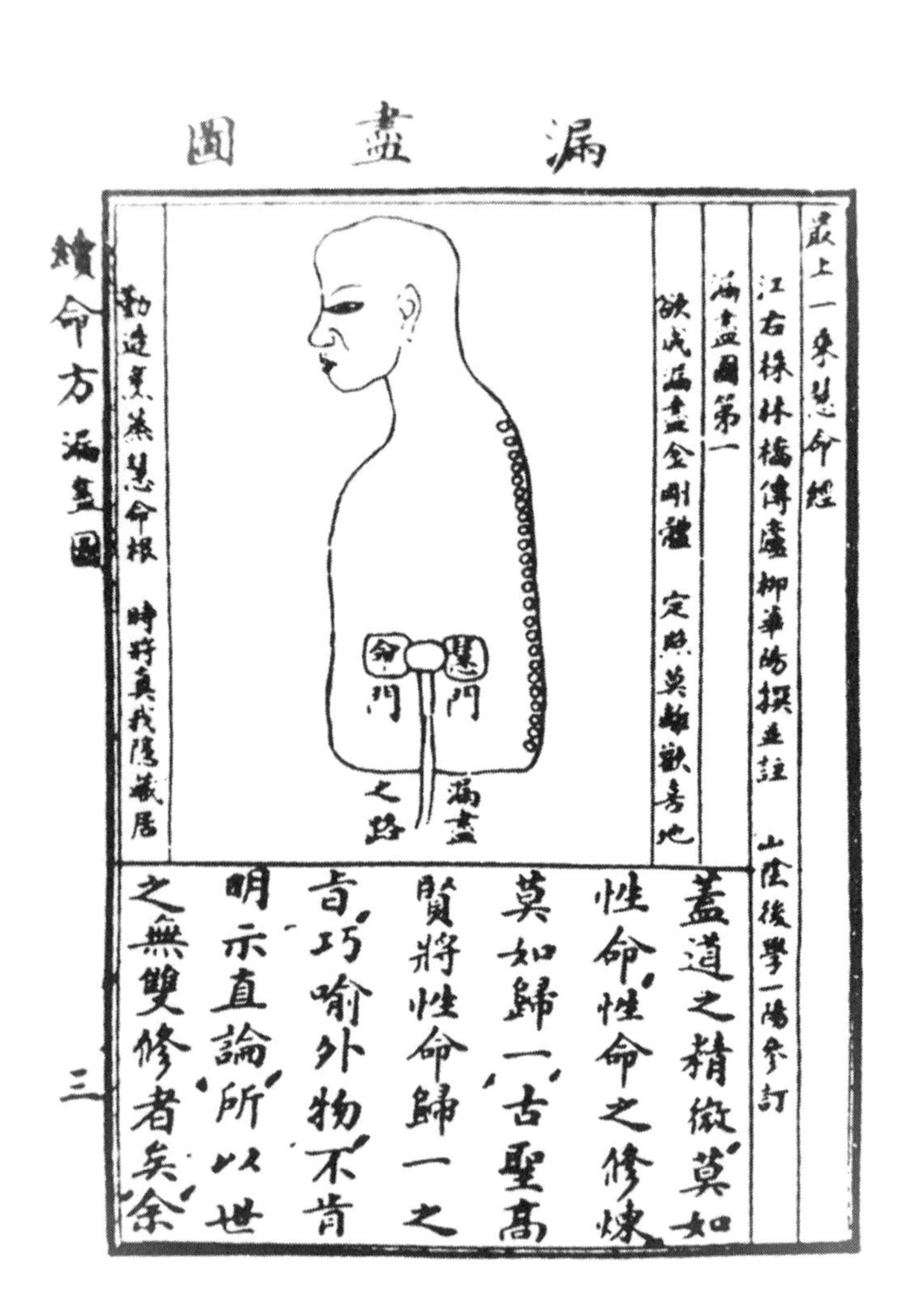

図５　『慧命経』
『黄金の華の秘密』p.280より

の働き〟に目覚める、という体験をします。そして、この〝いのちの働き〟こそまさに〝ほんとうの自分〟＝自分の本体であり、これまで自分が自分と思っていた自分（エゴ）は〝いのちの働き〟に生かされている自分のほんの一部でしかないということを知るのです。

（諸富祥彦著『トランスパーソナル心理学入門』）

さらに諸富氏は、〝何か〟を感じるために次のような実習を提案しています。該当書より適宜要約します。

(1) お腹の中からすべての息を吐き出し、大きく息を吸って、息を止める。
(2) こぶしを握り、頭のてっぺんからつま先まで、ガチガチになるほど力を入れ、緊張させる。
(3) 三十秒ほど我慢したら、両手を開き、一気に息を吐き出す。
(4) この実習を何度か繰り返し、へその下の辺りに意識を向ける。
(5) 完全にリラックスした状態で、そこにほのかに息づく〝何か〟を感じる。

この〝何か〟こそが〝ほんとうの自分〟であり、〝いのちの働き〟であると仰っています。

以上の三つの観点から、〈本当の自分〉＝〈恒久的自己〉とは、へその下辺り、丹田辺りに存在していると考えます。もっとも何か形としてあるわけではありませんので、〝何か〟を感じることしかできません。〈本当の自分〉を感じることができなくても焦らないでください。「レッスン6」にて具体的に解説します。

キーフレーズ

（呼吸を整え、丹田辺りに手を当てます。）

今、私は〈本当の自分〉を感じることができます。

レッスン6　永遠の〈今〉に生きることについて（「レベル6」の習得法）

「レッスン6」では、「レベル6」の「〈今〉に生きる」を習得します。

永遠に〈今〉であると言いましたが、なかなか理解しがたいことかもしれません。前章でも〈今〉について説明しましたが、簡単にもう一度説明します。詳細は前章の「レベル6」の「①〈今〉に生きる」を参照してください。

〈今〉とは「永遠に続く瞬間の連続のこと」です。私たちは〈今〉においてのみ体験することができるのです。過去と未来の〝橋渡し〟としての「今」ではありません。過去も未来も幻想なのです。本質的には〈今〉しかありません。「いつも〈今〉」、「ずーっと〈今〉」、「永遠に

〈今〉」、「〈今〉しかない」のです。〈今〉を生きれば、過去や未来のことを受動的に考えなくなります。純粋に、ありのままに〈今〉を体験することができます。これが〈本当の自分〉＝〈恒久的自己〉で生きるということなのです。

もっとも〈今〉に生きるとは決してやさしいことではありません。以下に、「〈今〉に生きるエクササイズ」を三つしましょう。

「〈今〉に生きるエクササイズ」

その1　呼吸に集中する

人間は呼吸をすることにより、体内の不要なものを排出し、新鮮な空気を取り入れ生命を維持しています。自明のことですが、人間は呼吸が途絶えてしまうと、死に至ります。

ゆっくりとした呼吸により、心が落ち着き自分を取り戻すことができますが、何よりも呼吸を意識することにより「今」に意識が戻され、結果的に、〈今〉に生きられるようになるということに注目すべきです。また、脳内では、モルヒネの五、六倍は楽にあると言われている最強の快楽ホルモンβ－エンドルフィンが分泌されることも忘れてはなりません。このβ－エンドルフィンは右脳と関連しています。意識が〈今〉にある時、右脳が活性化され、過去や未来にある時、左脳が活性化されます。つまり、意識が〈今〉にあれば、右脳が刺激されるので、β－エンドルフィンが分泌されることになります。結果的に、高揚感が高まるので、エネルギーが高くなります。

以下のエクササイズをお気に入りの場所、静かな場所といったどこか落ち着ける場所でやってみましょう。その際、好みのエッセンシャルオイルなどの香りや歌詞のない落ち着いた音楽は効果を上げます。（歌詞があると思考を刺激してしまいます。）

(1) 目は半眼にし、斜め下の一点に意識を集中させる。
(2) 全身の力を抜き、リラックスする。
(3) 鼻腔より空気を出入りさせ、腹式呼吸をする。
(4) 意識がさまよいだしたら、再び意識を呼吸に集中させる。
(5) 三分を目安に続ける。

いかがでしたか。集中してできましたか。恐らく、あっという間に雑念に囚われたのではないでしょうか。いかに私たちが〈自我的思考〉に支配されやすいかということが分かっていただけたかと思います。三分が長ければ、最初は一分集中することを目指しましょう。

最も重要なポイントは、腹式呼吸です。「レッスン5」で解説したように、〈本当の自分〉は丹田辺りにあります。つまり、腹式呼吸をすれば、〈本当の自分〉とつながりやすくなるということになります。もっとも腹式呼吸がうまくできないという人もいるかもしれませんが、お腹に手を当て、息を吸い込む際に腹部が膨らみ、出す際に腹部がへこめばできていますので安心してください。

また、目ですが、完全に閉じないでください。多くの人は目を閉じてしまうと寝てしまいます。

その2　日常の動作や自然などに五感を働かせて集中する

腹式呼吸でゆっくりと呼吸を意識することに慣れてくれれば、日常生活の行為、例えば、食事、皿洗い、運転、仕事、散歩、会話などでも行えるようになります。その際、五感も働かせてみましょう。

あなたは手を洗っています。いい加減に洗うのではなく、水の音、泡の立ち具合、石鹸の香り、水の感触などを純粋に味わいます。

あなたは食事をしています。食べ物の形、色、香り、舌ざわり、咀嚼、喉ごしなどを味わいましょう。

あなたは歩いています。地面、靴、周囲の景色、空気、日差し、雲、速度といった感覚を楽しみます。

そして時に、「ありがとうございます」、「私は幸せです」などと感謝の言葉を口にしてみましょう。

その3　〈地球〉を楽しみ感謝する

「地球って、どんな惑星なんだろ、ワクワクする！」といった〈地球〉を楽しむということをしてみましょう。山々、木々、花々といった自然をありのままに楽しんでください。そして地球での出来事も楽しんでください。例えば、人間関係、恋愛、努力など、そして煩悩です。そうです、あの忌まわしい煩悩さえも楽しむのです。そしてすべてに感謝してください。もっともこれらをする際にポイントがあります。今までのことを考慮し説明します。分かりやすく順を追って説明しますが、柔軟に考えていただいて構いません。

(1)　今の自分を顧みます。例えば、今の状況が苦しく八方ふさがりであったとします。

(2)　ゆっくりと腹式呼吸をします。腹式呼吸により〈本当の自分〉（＝〈恒久的自己〉）とつながりやすくなります。

(3)　その苦しい状況を〝我が事〟ではなく〝他人事〟として捉えてください。具体的に言うと、以下のようになります。二つ記しますが、随時、一つでも二つでも自分の状況に合わせて選んでください。

・このように思っているのは表層の自分であって、その表層の自分が人生の困難な時期を経験しているに過ぎない。苦しんでいるのは表層の自分だけなんだ。〈本当の自分〉は少しも苦しんでいない。自分には複数の自分がいる。自分には眠っている可能性がある。

それを最大限に生かそう。普遍化して生きよう。そして〈ミッション〉を果たそう。

・あの嫌いな人も、あの意地悪な人もそういう〝役〟をしているだけであって、それに気がついていないだけなんだ。自分も彼らも単に人類の中の一人に過ぎない。自分も彼らも何者でもないんだ。自分も彼らも〈本当の自分〉という観点からは同じなんだ。

(4) リラックスして腹式呼吸を繰り返しながら、今、行っていること、見ているもの、聞いているもの、触れているもの、食べているもの、香りのあるものをそのまま味わいます。

(5) 自分の存在、地球に感謝しながら、リラックスして腹式呼吸を繰り返します。

これらが〈今〉に生きるということ、〈本当の自分〉＝〈恒久的自己〉で生きるということなのです。「〈今〉に生きるエクササイズ」が〈本当の自分〉で生きるということにつなげてくれます。そこには苦しみはありません。ひたすら〈ミッション〉を達成しようと前向きに生きる姿があります。

〈本当の自分〉はあなたが真に必要なことを知っています。あなたの〈本当の自分〉と他者の〈本当の自分〉はつながっています。それ故に、自身が真に望むことが現実化していくのです。このように〈サトリ〉は私たち世人にとって成幸するための究極の生き方なのです。

〈サトリ〉の秘策について

お待たせしました。〈サトリ〉の秘策について述べます。

思い出してください。基本的に原始仏教は〈下〉から〈上〉へという構図でした。一方、空海や親鸞はいきなり〈上〉から始めましたね。要するに、「さとり」には絶対的なプロセスなどないということです。本書の〈サトリ〉は両者の言わば混合、すなわち、「レベル1」から「レベル6」へと上昇する「上昇型」と、いきなり「レベル6」へとスキップして、そこから前の「レベル」を振り返り、絶えず〈サトリ〉を純化させていくという「下降型」になります。もっとも空海らと異なる点は、〈サトリ〉は常に下の「レベル」を顧みる必要があるということです。なぜなら（前述したように）私たち世人は〈自我的思考〉に囚われやすく、下の「レベル」へと下降する傾向は否めないからです。お釈迦さまも「さとり」を開いても即座に完全無欠な別人にはなれないと仰っていましたよね。

また、原始仏教は「自力」であり、空海の真言密教は「他力的」とし、親鸞の浄土真宗は「他力」でした。〈サトリ〉は「他力的」です。すなわち（空海と同じように）〈サトリ〉は「自身の力」、「〈大宇宙〉の力」、「何らかの見えない力」という「三つの力」で成立するからです。言い換えると、自力あっての〈サトリ〉ではありますが、真摯に生きることにより、「〈大宇宙〉の力」や「何らかの見えない力」が得られるということになります。

このように〈サトリ〉は「さとり」の本質を踏まえつつ、私たち世人が得やすいようにアレンジされているばかりか、「選択」という柔軟性もあります。上昇型を選ぼうが、下降型を選ぼうが、はたまた途中から始めようが、あなたの自由です。もしあなたが難しくて面倒くさいことは嫌いならば下降型、すなわち「〈今〉に生きるエクササイズ」から挑戦してみてください。そして随時下の「レベル」を見返してください。最初は何が何だか分からないかもしれませんが、とにかく挑戦し続けてください。慣れてきたら「エクササイズ」を自身に合うようにアレンジしてください。大事なことは、いかにしたら〈本当の自分〉で長くいられるかということを追求することです。

真実であること、苦しみがないこと、束縛がないこと、柔軟であること、楽観的であること、手軽であること、希望があること、人類のためになること、地球のためになること、見えない力が得られること、これらを含意していることが他にはない本書独自の〈サトリ〉の秘策なのです。

キーフレーズ

（腹式呼吸をしながら）

私は〈今〉を生きています。

私は〈地球〉をあるがままに楽しんでいます。

おわりに

本書を読み終えていかがでしたか。「苦しみに さようなら」できそうですか。「何を言っているのか分からない」、「何となく分かる気がする」、「つかめた!!」などと人により理解の度合いが違うことでしょう。

人は一つの考え方に固執しがちです。人生において大事なことは、柔軟かつ適切な考え方ができるかどうかということです。何があっても対応できる強くてたくましい、そして謙虚で美しい自分を創り上げるのです。しかしながら、人生は苦しいことばかりで思うようにいかないのが常です。これは太古からの普遍的真理なのです。そのような人生のループから抜け出し、新たなる道を歩むための術を示すのが〈サトリ〉です。〈サトリ〉は私たち世人が成幸するための究極の生き方なのです。

不愉快なことや不幸と思えることがあったっていいではありませんか。どっしりと構えているようではありませんか。何があったって〈本当の自分〉＝〈恒久的自己〉は少しも傷ついていいないのですから……。肩の力を抜いて、ゆっくり腹式呼吸をして、〈地球〉を楽しもうではありませんか。気楽に謙虚にありのままに〈地球〉を味わいましょう。何かの縁あってこの惑星に生まれてきたのです。堪能しない手はありませんよね。

さあ、苦しみなんて笑い飛ばして、楽になって〈ミッション〉を遂行しましょう。あなたの人生は好転し、成幸することでしょう。

〈サトリ〉を得られるか否かは皆さん次第です。私もまだまだ道半ばです。私は残りの人生を〈サトリ〉の純化に全力を尽くします。因みに、私の〈ミッション〉とは、「世人の皆さんの心の免疫を高め、〈サトリ〉が成就できるよう手助けすること」になります。

本書が世人の皆さんの人生の助けになればと願ってやみません。

参考文献

書籍

アイアンガー、B・K・S著、沖正弘監訳『ヨガ呼吸・冥想百科 ハタヨガによる生活の開眼』白揚社、1985年
ウィルバー、K著、吉福伸逸・菅靖彦訳『意識のスペクトル［1］意識の進化』春秋社、1985年
ウィルバー、K著、吉福伸逸・菅靖彦訳『意識のスペクトル［2］意識の深化』春秋社、1985年
ウィルバー、K著、吉福伸逸訳『無境界 自己成長のセラピー論』平河出版社、1986年
ウォルシュ、N・D著、吉田利子訳『神との対話』サンマーク出版、1997年
ウォルシュ、N・D著、吉田利子訳『神との対話②』サンマーク出版、1998年
ウォルシュ、N・D著、吉田利子訳『神との対話③』サンマーク出版、1999年
ウスペンスキー、P・D著、浅井雅志訳『奇蹟を求めて グルジェフの神秘宇宙論』平河出版社、1981年
大野裕著『はじめての認知療法』講談社現代新書、2011年
鏡リュウジ著『鏡リュウジの占星術の教科書Ⅰ 自分を知る編』原書房、2018年
梯實圓解説『歎異抄 現代語訳付き』本願寺出版社、2002年
加藤精一編『空海「般若心経秘鍵」』角川ソフィア文庫、2011年
加藤精一編『空海「即身成仏義」「声字実相義」「吽字義」』角川ソフィア文庫、2013年
河合隼雄著『ユング心理学入門』培風館、1967年
河合隼雄著『無意識の構造』中公新書、1977年

河合隼雄著『昔話の深層』福音館書店、１９７７年
木村清孝著『華厳経入門』角川ソフィア文庫、２０１５年
故事ことわざ研究会編『解説 世界の名言名文句事典』昭和出版社、２０００年
小曽根秋男著『新版 Stargazerで体験するパソコン占星学』技術評論社、２００６年
齋藤佳子著『生きたまま生まれ変わる〈知識〉に基づき〈この世界〉から〈高次の世界〉へ』論創社、２０１９年
シェイクスピア、Ｗ著、野上豊一郎訳『マクベス』岩波書店、１９３８年
シェイクスピア、Ｗ著、市河三喜他注釈『リア王』研究社、１９６３年
シェイクスピア、Ｗ著、福田恆存訳『夏の夜の夢・あらし』新潮文庫、１９７１年
シェイクスピア、Ｗ著、岩崎宗治編注『大修館シェイクスピア双書 ロミオとジュリエット』大修館書店、１９８８年
シャイモフ、マーシー著、茂木健一郎訳『「脳にいいこと」だけをやりなさい！』三笠書房、２０１２年
鈴木俊隆著、松永太郎訳『禅マインドビギナーズ・マインド』サンガ新書、２０１２年
鈴木大拙著、工藤澄子訳『禅』ちくま文庫、１９８７年
スピース、Ｋ・Ｒ著、武邑光裕訳『グルジェフ・ワーク 生涯と思想』平河出版社、１９８２年
中村元著『釈尊の生涯』平凡社、２００３年
中村元著『ブッダ伝 生涯と思想』角川ソフィア文庫、２０１５年
中村元著『〈仏典をよむ〉１ ブッダの生涯』岩波書店、２０１７年
ピアソン、Ｃ・Ｓ著、鈴木彩織訳、鏡リュウジ監訳『英雄の旅 12のアーキタイプを知り、人生と世界を変える』実務教育出版、２０１３年
ひろさちや著『空海入門』祥伝社、１９８４年
ひろさちや著『空海と密教』祥伝社黄金文庫、２０１５年
正木晃著『現代日本語訳 空海の秘蔵宝鑰』春秋社、２０１７年

マスロー、Ａ・Ｈ著、上田吉一訳『人間性の最高価値』誠信書房、１９７３年
マズロー、Ａ・Ｈ著、小口忠彦訳『[改訂新版] 人間性の心理学 モチベーションとパーソナリティ』産業能率大学出版部、１９８７年
松下幸之助著『道をひらく』ＰＨＰ研究所、１９６８年
松村潔著『完全マスター 西洋占星術』説話社、２００４年
松村潔著『ディグリー占星術』説話社、２０１２年
松村潔著『増補改訂版 最新占星術入門』Gakken、２００３年
松村潔著『完全マスター 西洋占星術Ⅱ』説話社、２０１６年
諸富祥彦著『トランスパーソナル心理学入門』講談社現代新書、１９９９年
諸富祥彦著『あなたがこの世に生まれてきた意味』角川ＳＳＣ新書、２０１９年
ヤッフェ、Ａ編、河合隼雄他訳『ユング自伝１ 思い出・夢・思想』みすず書房、１９７２年
ヤッフェ、Ａ編、河合隼雄他訳『ユング自伝２ 思い出・夢・思想』みすず書房、１９７３年
由良弥生著『眠れないほど面白い「古事記」』三笠書房、２０１３年
ユング、Ｃ・Ｇ著、林道義訳『元型論 無意識の構造』紀伊國屋書店、１９８２年
ユング、Ｃ・Ｇ著、林道義訳『続・元型論』紀伊國屋書店、１９８３年
ユング、Ｃ・Ｇ／ヴィルヘルム、Ｒ著、湯浅泰雄・定方昭夫訳『黄金の華の秘密』人文書院、１９８０年
リリー、Ｊ・Ｃ著、菅靖彦訳『意識の中心（サイクロン） 内的空間の自叙伝』平河出版社、１９９１年
Shakespeare, William. *THE COMPLETE WORKS OF WILLIAM SHAKESPEARE.* Gramercy Books, 1975.

雑誌

ニュートンムック『Newton ライト 素粒子のきほん――この世界をつくっている最小の粒の正体とは？』ニュートン

プレス、2018年

辞書

『広辞苑』第六版　岩波書店
『デジタル大辞泉』小学館
『百科事典 マイペディア』電子書籍版
『佛教語大辞典 縮刷版』東京書籍、1981年
『ランダムハウス英和大辞典』第2版、小学館

齋藤　佳子（さいとう・よしこ）

静岡県生まれ。名古屋大学大学院後期課程満期退学。高校の教員を経て、現在は大学の教壇に立つ。その経験はおよそ30年に及ぶ。専門は英文学、言語学。またGATEWAY TO ONENESSの代表として、クライアントの心の免疫を高めることに尽力する。

人生は、楽しいことは一瞬で通り過ぎてしまい、苦しいことばかりである。そして何よりも思い通りにはいかない。そんな人生を何とか成幸させようと模索した結果、〈サトリ〉にたどり着く。〈サトリ〉と聞くと、自分とは無縁の世界と一蹴しがちであるが、〈サトリ〉は、仏教の「さとり」を一般の人が得やすいように探究したものであり、その範囲は紀元前の仏教に始まり、心理学、量子論、そして宇宙にまで及ぶ。〈サトリ〉は二重構造、すなわち〈ダブルミッション〉になっており、引き寄せの法則を超えた成幸するための究極の生き方である。〈サトリ〉により、多くの人が目覚め、人生の苦しみを超越し、楽になって人生の目的を果たすことを目指す。

【著作・論文】『生きたまま生まれ変わる』（論創社）、「言語における〈夫〉と〈妻〉の関係について ―〈名称〉の観点から―」（『言語と文化』24号）、「Mary Wollstonecraftの死生観について」（『雲雀野』21号）ほか。

【資格】 米国NLP協会認定トレーナー、日本フラワーレメディセンター認定ティーチャー、メンタル心理カウンセラーほか。

苦しみに　さようなら
究極の生き方の術を学びましょう

2023年4月24日　初版第1刷印刷
2023年5月1日　初版第1刷発行

著　者　齋藤佳子
発行者　森下紀夫
発行所　論 創 社
東京都千代田区神田神保町 2-23　北井ビル
tel. 03（3264）5254　fax. 03（3264）5232
web. https://www.ronso.co.jp/
振替口座 00160-1-155266
装　幀　渡瀬亜由子
組　版　中野浩輝
印刷・製本　中央精版印刷

ISBN978-4-8460-2255-6